九等 ── 著

開始在股市賺錢

最要緊的大小事

集電子產業資深記者、券商分析師
於一身的「九等」投資祕技全公開

自　序

人生就是不停的峰迴路轉

　　因為曾經的就業職場就在投資產業裡，所以我常自稱自己是一個職業級別的「江湖術士」，而「九等」這名號，是喜歡看美國職籃NBA的兒子幫忙取的，他有一回問我，為什麼Michael Jordan要叫九等，而不叫七等八等？

　　於是我突然心生一計，也為了讓更多非專業的投資人了解真正投資獲利的方式，就開始用「九等」作為筆名在網路撰寫投資觀察。而金庸武俠小說在塑造蓋世武林高手時，也經常以「九」這數字作基石，對我來說，挺適合用「九等」這個筆名，讓我在自媒體的投資文章上，分享一些市場的觀察及投資經驗。

　　我的經驗比較特別，曾在美國紐約當過兩年的記者，雖然當時跑的是社會路線，經常遇見打打殺殺之類的警匪新聞，但逐漸了解社會底層運作方式後覺得挺孤單的，再因為赴美留學後就待在

當地工作，家人全都在台灣，有一回九爸不慎跌斷腿住院，讓我很是心急如焚，加上有一次在州際公路上發生車禍，我決定不要再離家那麼遠，因為家人對我很重要，就包袱款款後回來了。

我是有計劃的回台灣，所以回來之前就找先到了工作，選的仍是在媒體圈，因為當時最在行的就是當一名採訪記者。

換路線電子產業，為闖蕩股海做好前期鋪墊

不過，我轉換了採訪路線，進入科技電子產業，因而經常能到世界各地採訪電子、科技類新聞，像是每年一度在美國賭城 Las Vegas 的 CES（全球消費性電子展）、日本大阪市的顯示器展等，也應邀出席過紐西蘭的英特爾供應商大會、布達佩斯的宏碁電腦供應商會議等等。我一直認為，媒體是年輕人很好的工作經驗，能讓自己的視野在短時間內擴展得很寬廣。

然而，日報的職涯發展過程沒有讓我忘記終極目標，就是朝向金融市場前進。金錢雖然不是人生的唯一，但需要的時候還真的很重要。有了過去在電子產業的視野和人脈，加上我心裏想的

就是去證券業，機會來了便不會讓它溜走。

當然，因為沒有完整的財務金融學術背景，讓我開頭只能彎彎曲曲的朝目標前進。從寶來證券自營部開始（當時還未被併入元大集團），接續幾年為了更扎實研究能力，陸續進入幾家券商擔任研究助理、分析師等，撰寫英文報告，也開始有機會接觸全世界的投資法人。

其實了解證券市場生態是一個手段，我真正希望的和大家一樣，就是找到投資賺錢的方式。我經常在想，若沒有這份工作帶來的穩定所得，我是否能夠讓自己累積更多的財富？

為了不讓自己僅認識單一產業，2014年起我就不再做分析師了，而是從研究部門轉任外資業務，讓自己更全面的瞭解不同產業的發展，閱讀更多的產業報告，同時認識更多全球投資界的好手。

我每天的工作是憑藉積累的經驗，提供海外投資法人台股訊息及分析，安排會議，同時間也幫國際知名的幾家 Alpha capture 等平台提供選股服務。

由於我在媒體記者及外資證券業服務超過20年，我相信完

整的產業及金融背景知識，是積累財富智商、追求投資獲利相當重要的基礎準備，於是想透過本書，讓九粉了解如何能夠在投資股市中獲得財富收益。

💲 成功的主要因素，在於追求積極穩定的獲利

我看過太多價值型投資人賺得盆滿缽滿，當然也看到許多投資失敗的故事，在吸收那麼多成功及失敗的投資經驗後我得到一個結論：**「追求積極而穩定的獲利」是主要成功要素**，要打敗大盤、獲取超額報酬是需要正確觀念的。

這本書的面世遲了足足有九年之久，感謝老友宗廉鍥而不捨的追了這麼久。以前曾經待過外資研究部門的我，原以為已經明白了什麼是投資，但過於專注在單一產業，讓我錯過不少產業循環所出現的機會。出版本書，正是要提醒投資人，什麼樣的投資方式才能實際賺到錢。

這本書擷取了我在「九等觀察」平台上所撰寫的部份文章，並加入更多「投資系統性」的看法，把投資市場上看到的精華有

系統的整理出來。寫這本書的用意，不僅想清楚分類投資市場的變化，更希望能幫助九粉們賺錢，而我的網路自媒體平台上的文章多半是依據當下時空環境提出的觀察，較顯紛雜，為了要結集出書，於是做了更有系統的分類，也讓我自己在投資這條路上有了一個重新自省的機會。

順道一提，網路平台上的九等觀察，是我每週撰寫的原創性投資文章，針對股市即時事件分析、外資法人的觀察要點、九粉來信提問的詳細回應，有時寫累了，還會錄製一些Podcast，說說小故事，讓投資九粉們聽聽我溫暖的聲音，把投資知識傳遞給平台上九粉，一起拓展國際及台灣金融投資視野。

本書期待能讓讀者真正得到投資獲利的成果，希望能成為讀者經常翻閱、練習投資的常備書籍。另外，不斷進階的訊息知識，也歡迎訂閱平台「九等觀察（https://markjordan.substack.com/）」。我一直認為，知識是有價值的，有投入就會有收獲。祝福九粉投資順利。

自我救贖和認識自己，是投資最重要的事

我覺得，一個及格的投資要先認識自己，不管做什麼都得先從這一步開始，並且懂得檢查自己的投資性格。

投資前要先搞清楚市場的錢流狀況，而匯率的表現則看得出國際資金是流回還是匯出亞洲。錢流，比什麼都重要，接著才是看自己投資的市場中個別產業的狀況，整理情緒後，把投資的價值觀「內化」，照著九等推介的經驗，把錢賺到！

這本書的起頭有些原因，即使九等自己在金融圈彎長的一段時間，但2020年3月，大概是我賠錢最快的一次，那時每天融斷式的跌法讓人十分痛苦。當時疫情自2月增溫，而全球股災則是油價爆跌所引燃，記得當時手上相當多重倉的個股，糟糕的是，那時幾乎都是融資下注，不到一周半的時間，就快賠光投資積蓄。但過程中的調整，也讓我學到更多東西，對我來說，是很重要的一次教訓。

當時休息了好幾個月的時間。大家應該有印象，2020年4月股市迎來V字型的超級大反彈，力量把市場推向多頭，別以為我回血是那時，我仍是在反彈前的谷底砍光所有投資，不僅賣在最低、賠在最深，當反彈行情開啟時，我體會了一段不算短的被折

磨調戲的苦難，就像偉大母親分娩時，陣痛開指一路痛，最後還是決定剖腹，生完還要調養手術後的傷口。

而就在那幾個月裡，我開始了自我救贖，一些文章獲得許多九粉支持，用這些自言自語的文章爬回到正常。所以相信我，沒有人始終會一帆風順。

在真正的虧損後，我的投資策略有了一項重要的改變：「**把交易型和投資型完整切開。**」

交易型態的策略偶而還是會做融資，但每個月不間斷的投資策略，則以現股方式增持有信心的股票和ETF，存股不僅沒有融資風險，也有除息收入，挺好的。

所有事都需要平靜看待，理性解決問題。

然而就在這時，2020年12月，我的身體感覺怪怪的，空間感不見了，所有眼前的東西都像在漂浮，走路東倒西歪，開著我的寶馬轎跑撞到前車，去了趟急診才發現問題比想像中嚴重很多，立即轉診能開腦的大醫院，那晚握著太太的手，坐著救護車去林口，望著天花板直發呆的一幕還印在腦海裏。那晚，台灣還剛巧發生了地震。

逆境總比順境多，保持平常心最重要

我又學到了一課，所有事都需要平靜看待，理性解決問題。

用平常心面對困境是不容易的，更何況是健康問題。頭一次的開刀就花了13個小時，半夢半醒中被推去加護病房時，不甚清楚的聽到太太和老姐憂心忡忡的細語聲。那次手術嚇壞了所有人，包括我自己。

家裡體力最好、經常運動的九等怎麼也沒想到會走了這一遭。住院期間，一個不小心把引流管扯下，搞的我又在醫院多住了兩三個星期。

接著又做了價格昂貴的質子放療。感謝王永慶先生的遠見，那時台灣能做這項治療的，只有林口和高雄長庚，也感激我的再生父母主治外科醫師徐鵬偉，他也是當下眾多親友極力推薦的大夫。我認為健康讓我更為轉念，負面情緒難控制，但總會過去，只要**不把自己當成病人，怎麼樣都要好好過正常人生，該怎麼作就作怎麼做。**

轉個念頭，很多事會變的不一樣，成天自怨自艾的抱怨著厄運光顧，其實反而更糟。當然，看人挑擔不吃力，但是做起來卻

是需要有堅強意志力的，尤其對那些有瞻前顧後個性的人而言。

手術過了一年多，每三個月一次的定期追踪再度發現腫瘤。在此之前，每回聽醫生解說MRI圖時都很恐懼，我不是想到自己害怕，而是正處在家有老小的夾心餅乾年紀，不免有許多的擔心。幸運的是，醫生說復發範圍就一小點，開兩次刀清乾淨些就好了，爾後再繼續追踪即可。

就這樣，在隔年同一時間我又再度入院後續又作了五十次的放射治療，每天就像去上課一樣，即便精神和體力狀況經常不好，但我還是堅持讓心態保持正常。

講這麼多，無非是想讓九粉和自己經常進行心態平穩的練習，投資就是過程，平和的面對獲利和虧損很不容易，畢竟我們都是人，但想要成功，我們就得面對所有的狀況，就像九等，前幾年虧過，身體不好過，但是保持心態的平穩，最終也都又峰迴路轉的到達順利的彼岸。

PREFACE

前　言

　　我經常在想一個問題，到底要如何才能在投資市場裡追求到「持續、穩定的獲利目標」。

　　雖然每次投資的時空背景不一樣，但就我的觀察，投資股票市場都有一些　史經驗可遵循，在我真正因為投資而改善了生活後，我發現投資最重要的事，就是得先從改變「財富智商」開始。

　　本書的內容，是一個當過媒體記者、外資分析師、外資法人業務的綜合積累，要用經驗告訴你如何開始賺錢！

目　錄

九等教你開始賺錢！

01
我長大以後，要賺大錢

02
準備賺錢的基本動作

03
開始賺錢吧！

04
小朋友才做選擇；我全都要！

05
投資後一定要做的事

01

" 我長大以後，要賺大錢 "

• • •

存一千萬一定比賺一千萬難

很久以前一位朋友跟我說，他老闆前陣子又添購了一輛新跑車，是台兩人座的Aston Martin。我好奇的問道：「想買就買，買菜嗎？」

他跟我講了一個故事，我到現在還是印象深刻，因為那是啟蒙我投資成功的最大關鍵。他說，他老闆之所以這麼有錢，是因為他小時候的一個願望……

　　我和朋友們經常一起鬧著玩時會說，我長大後也要像誰一樣，即使我們都已經結婚生子，但「長大」這個形容詞卻很有意思，它應該不能算是身體的變化，而是心裏的目標。

　　大人們常常學小朋友說，我長大以後要作什麼，在我認為，長大就是**「現階段達不到、對未來的理想的目標」**。

　　所以，換個詞造個句來說，我長大以後，是希望自己不要接受到經濟壓力過度的控制，我希望每天都能健康的朝著自己設定的目標前進。

　　我的爸爸在我還是學生時，就已經是當時一家國際商業銀行的主管，我記得大學時曾經問過他一個月的薪水是多少。當時，我爸說了一個令我相當吃驚的數字，我甚致認為，這輩子再怎麼努力應該都很難達到爸爸那樣的水準。

　　可是我老爸跟我說，當你在一樓看樓上，你會仰著頭覺得有難度；但你設定好目標努力前進，一階階的往上爬，終究有那麼一天你會發現，沒有什麼目標是絕對達不到的。

　　多年後的自己，薪資已經大幅超越我老爸的數字相當多，但我知道，當打工仔賺再多錢，都不如創業家或那些少年股神們。

扯這麼多，就是要告訴所有想要賺錢的朋友們，**確立一個目標，是站在起跑點上最重要的事。**

然而，每個人的理財智商平均而言都差不多，但總有一些人能夠成功。我相信你也看過許多大師級別的投資書籍裡提到的話，認真讀起來都像是些「廢話」，但這些聽起來像廢話的話，卻是一般人最容易忽略、不重視、甚至還有點違反人性的話。或者是那些廢話你以為你已經瞭解，但卻是你從來沒認真執行過的話。

萬事起頭雖難，但做就對了！投資也是一樣。

投資第一件事：建立財富智商的腦袋

我覺得投資最重要的事之一，就是認真**「建立正確的財商腦袋」**。像是有個長大後的目標，而只要有那個目標在那裡，你就會開始找尋如何達成目標的方式。

像是思考如何在職場出類拔萃、取得高薪，就會思考那些有

錢人都是怎麼辦到的，進而找尋怎麼學習投資，才能真正累積資產。過程曲曲折折是必然的現象，但只要清楚、慎重的設定好目標，你的人生道路就會開始像導彈一樣，一路飛往那個目標。

雖然有人可能會說，我的人生渾渾噩噩，連方向都沒有，喜歡什麼也不知道；但今天講的是投資獲利，所以什麼事情不需要動手做，先動動腦就好。這裡先講一個小故事，它告訴我改造財商腦袋的第一步驟應該怎麼作：

在很多年前一個朋友跟我說，他老闆前陣子又買了台新車，換了台英國風的Aston Martin馬汀跑車。我問他，你老闆怎麼買車就像買菜一樣？**他講了一個關鍵的重點，我到現在還是印象深刻。他說，因為他老闆跟他說過，他小時候的願望，就是長大後要當個有錢人。**

他自己講完就先笑了出來，覺得是個笑話，很白痴。

但重點來了，我聽起來那卻是目標明確的一個財商表現。**你第一步先有這一個財商腦袋，就會思考現在的狀況，想像未來三到五年的階段，進而計劃七到八年後的未來。每一個點你想清楚了要怎麼達到，你就會開始去突破，找到解決方式。讓我舉一個**自己的例子。

　　我原本是個在美國紐約市跑社會線的記者，成天查閱紐約市警察局公告哪裡有黑幫火拚、地鐵械鬥、社區槍案、外送員被搶劫被殺的新聞。我記得偶爾真的沒什麼新聞時，會因為看到消防車灑水澆熄火燒樹葉而感到興奮，拍了幾張照片、發了一篇社區虛驚一場的圖文，仿佛立了奇功。

　　而這麼魯蛇的經驗卻在當時對我的心態上有些轉折，我心生一念，把自己經常心心念念的跑新聞的思維轉換成財商腦袋，決心要在未來投入投資市場。

　　我記得當時有一個很熱血的形容詞「外資金童」，這四個字扎扎實實的點燃了我的企圖心。

　　但我卻是一個完全沒有什麼金融相關背景的人。我開始試著到華爾街投放履歷，還真的去過一家做高頻交易的券商面試，最後並沒有成功，但過程知曉了金融市場有什麼樣的部門和挑戰。終於，我決定把美國的工作辭了，精挑了六箱家當束裝返台。

　　在連續挫敗中持續努力，我清楚知道自己不太可能直接找到券商的工作，因為求學時期讀的是新聞系、傳播所，所以只能先在自己最有把握的領域裡蹲著練功，而我只找電子科技相關的媒體，因為我確認必須接觸更多的人，了解台灣最基礎的科技實力

在哪，做好一切準備，為了若干年後能順利的轉進證券市場。

浪跡媒體圈幾年後，一個偶然機會到了，也因為有這個長遠的目標，我在擔任記者時期就把該拿的證照考完，為了實現成為外資金童的目標，我只搜尋需要寫英文報告的券商機會，完全心無二致。

也許有些人會覺得這聽起來像是胡扯，像是事後諸葛亮的話說從前，但我可是早早的便想定了目標，之前的媒體或券商同事們都知道我那時就愛做夢，說要當外資金童。即便現在台灣外資市場行情已經沒有以前那麼好，但這個行業別與我現在的工作崗位，仍是因為遵循當時確立的目標而逐步實現的。

雖然我現在已經不是分析師了，但在外資體系打滾多年，讓我明確的看清楚自己長大後要做的事。你說我真正長大了嗎？至少對當年的我來說，我是長大了。

所以，要建立財商的腦袋，**第一個重點是「目標」，先把這個簡單的目標設定好就夠了。**

賺錢的第二步驟：試著改造你不良的積習

什麼樣的習慣？就是徹底理解「**存錢和賺錢的差別。**」

經常看到媒體記者去訪問存錢達人，小資族要如何靠省錢、過苦行僧的方式，來達成幾年、甚至幾十年存到一兩百萬元。對我來說實在很不可思議，存錢的確相當重要，但存錢是很難讓你致富或達成真正的財富自由，尤其在這個年代。

有看過《窮爸爸和富爸爸》這本書嗎？傳統的社會價值觀念很難以讓人真正致富，想致富需要透過投資、被動收入等方式讓錢幫忙賺錢。

我經常問想投資的朋友一個問題：「**賺一千萬難，還是存一千萬錢難？**」

其實這是一個比較級的問題，若比較下來，存一千萬元其實非常困難，但用你的斜桿、用投資、用人脈和用策略與能力來賺一千萬，會比你存到一千萬元快的非常多。若你只想靠著存小錢來致富，還不如把精力花在學習投資理財，精準製作一套適合自己的賺錢方式來執行。

　　有個小故事發生在我家裡。有次我們全家人去美食賣場吃拉麵，回程走到地下室準備開車時，我太太就碎念我又忘記拿消費發票去折抵半小時20元的停車費。我解釋說，再上樓去蓋印章來折抵這小錢，實在有點浪費了時間。太太回應該我：「這就是你做不了有錢人的原因」。當時我有點哭笑不得，因為我的觀念和太太完全相反，折現20元能致富？

　　或許，大部份的人和我太太一樣的想法，積小成多、聚沙真的能成塔，只不過花這時間去剪折價券折抵10元，或是花時間和力氣去整理家裡，還不如把精神力氣用在更有價值的事物上面。我想強調的是，並不是說省錢這些事不好，而是要想一下，當我們花了四個小時去整理家裡是為了運動、為了興趣那當然沒有問題；但若為了省這四小時的錢，而忽略這四小時我們可以好好享受生活與休息，生產出更有產值、自我投資（像閱讀）、或賺取比這四小時清掃費（一般約1600元左右）更高的收入，試問哪一個重要？

　　這其實也不是我講的，之前看過一本名為《勇敢做有錢人》的書，裡頭就有這樣類似的例子和啟發。我也不是因為看了才學到，而是我邊看邊想著，很多觀念和我多年來做的事其實很像，而我自己的確也在財富累積的過程中，並沒有因為沒去省小錢，

而讓我的經濟狀況變的更加拮据。

很多經營大師都曾經提到過，**要學著積極賺更多的錢，而非一味僅想著如何省錢，這根本的關係一旦你搞懂了，就會知道如何改變一般人積習難改的錯誤習慣。**

不過，觀念要調整並不太容易。像投資股票裡很多散戶覺得買高價股票很不應該，而買水餃價股票比較可行一樣。在絕大多數的情況下，不理性的向下承接持續下跌的股票的下場很不好，我所看到有經驗的投資人鮮少在買持續下跌的股票。股價會說話，大家倒賣持股有一定的原因，在還未滿足股價低點時去承接，無疑像是在接滑落的刀子一樣。

相反的，股票強勢走高一定有它的道理。我所要說明的是，要樂於花多一點成本去持有越漲越高的股票。這對大多數的人來說，是個觀念挑戰的事。

身邊有不少資深股民，手上一桶水餃股擺了一、二十年，一張超過二、三十萬元的股票對很多人來說都已經算是高價股投資了。有些股民對一些已經漲了一倍的股票或基金是碰都不敢碰的，但很多股票卻漲了一倍後再拉五倍、十倍的比比皆是。本書中會提到幾個過去我所提到價值型投資類型的股票，它們曾經都

僅僅是30～40元，像是南電、元太等等，後來都漲到數十、甚致百倍。

很多投資受益的觀念本來就和一般的傳統觀念不同，財富智商需要學習，所以我們在調整自己投資觀念的時候，需要換個位置想一下，道理在哪裡。

另外，不要吝嗇於投資自己，辛勤工作的所得不僅是為了生活，也是提升自己價值很重要的事。當花則花，尤其是學習投資獲利的能力。也許剛開始會碰滿牆壁，但總會有那麼一天，賺錢加倍且加速。

所以，建立財富智商是第一步，接下來，需要瞭解賺錢和存錢的差別在哪裡。

財富智商第一步就是設定目標，用最簡單的方式想著自己長大後要當有錢人。而第二步就是**「挑戰你既有的觀念」**，把所有造成自己投資不順利的觀念都反向懷疑過一遍試試，並著手做系統分析、整理和觀察，最重要的是，得不厭其煩、一次一次的檢討。

而第三步驟就是**「精準製作自己投資的清單」**。每個人都有

著獨特的投資性格，所以需要了解自己在投資方面的錯誤經驗。

試想一直做這麼多年還是在投資市場賺不到錢，若不找出自己的盲點，怎麼知道是自己做錯了什麼？你可以試著閱讀更多的書籍，請教你認為適合的投資顧問，但最重要的，還是**針對自己的所有投資的每項操作（例如股票買賣紀錄）列出清單**，檢視為什麼這項股票操作會虧損、為什麼那些卻又獲利？遇到什麼情況時怎麼反應？處理後的結果會變什麼樣？

相信我，你會因此而看到為自己量身訂製的重整計劃，你的財務將會出現正向循環。所以，財富智商的心態是：賺錢的重要性，肯定大過於省錢。

投資不該有任何刻板印象

很多人很執著一些無厘頭的事。這幾年我突然發現，我在和國外的投資法人朋友，不管是長期投資人或避險基金，甚至是自己的同學朋友們，只要講到一些公司股票，每個人都有一些自己原有的偏見。

　　舉一些實際的例子，聽到宏達電、威盛，或聽到他們的子集團公司，就有人會說我對雪紅姐姐的公司避而遠之，你還有可能對國巨的資金策略感到不熟悉，或有聽人家說華新集團焦家的股票不好投資等，一些刻板印象都可能會錯過一些投資機會。有些公司可能曾經讓你虧過大錢，或有些投資人不認同公司的決策，傳言公司派騙人，而完全不願再重新審視這些公司的營運狀況。

　　然而，我的經驗告訴自己，刻板印象讓你減少的，經常就是你賺錢的機會。

　　橡樹資本創辦人寫給投資人的一本書《投資最重要的事》，裡面有句話很棒，他說：「投資成功不是因為買到好東西，而是因為買得好。」而我認為，刻板印象會讓你不願去比照過去的錯誤和現在的機會，然而，一旦發現打動你的投資要點能賺到錢，你怎麼能因為一些刻板印象，而錯過這樣的機會。

　　我記得在全球疫情大爆發之前，大約就是2019～2020年之間，我有多次陪著海外投資人去桃園，拜訪電路載板的老牌公司南電（8046），我一直對這公司感到興趣，因為在5G通訊產業開始轉型時，多層傳統電路板會有劃時代的機會出現，尤其耐熱性高的ABF載板會出現很大的缺貨問題，這是一種劃時代產品出

現時，對現有技術和產能升級會造成供需不平衡的狀況。

　　不過，相當多人對我的看法不認同，最大的原因是很多投資人對南亞電路板有很深的刻板印象，他們腦子裡留著過去十多年來對載板產業低迷的不好印象，也認定這家公司有著不夠積極的產業文化。

　　我後面會深入講述如何發現南電的故事，且為什麼股價僅僅40元不到時，我就認定公司價值被嚴重低估，而隔年南電在5G通訊產業開始邁步後，股價開始瘋狂大漲，一度在2021年11月底漲到631元。許多外資法人都記得這件事，也經常回過頭來問我，為什麼當初我會這麼看好南電，尤其股價那麼低時，就預測會漲破300元以上的離譜預感。

　　我自己不認為我的預測離譜，而是用客觀角度分析，產業賺錢後市場如何評價它，而南電的關鍵在於有歷史經驗可循，因為2005年前後，南電也曾經從地板價20多元，大漲到隔年的300元，深度解析歷史原因，也發現這次的狀況更具備成長股的條件後，無疑讓我深信ABF載版將會啟動另一個股價大漲的機會。

　　這裡提供九粉們投資時如何觀察三項最容易賺錢的關鍵：

一、成熟產業有時會有季節的慣性

二、缺貨問題產生時

三、最重要的，也是我認為投資勝率最高的，就是在規格升級轉型時。

如果三個要素都符合，那你可以放大自己的投資部位，有點耐心的等待市場的認同。接下來，讓我一一介紹這幾項的差別在哪？

🪙$ 成熟產業會有季節的慣性

有季節性變化的產業，投資就會有一定的風險，因為「時間差」，而且大環境的變化有時會讓業績成長或衰退提前或延後發生，對股票來說，何時開始進場投資，有時真的很難抓得準。有季節性需要觀察的，通常是一些成熟的產業，像是記憶體、被動元件、面板等產業。

舉記憶體市場的例子來看好了，你會發現市場上記憶體報價

數字，通常是從「年初」開始往上走，很多分析師或產業報告也會在這時發出一些看多的訊息，但有趣的是，很多生產記憶體的廠商，不管台灣的南亞科技（2408）或韓國記憶體廠商，股價幾乎都是在上半年就見高峰，然後開始波段性的一路跌到年底前。

為什麼市場上對報價數字越看多股價反而越看壞？這是我自己觀察的狀況，年底前記憶體報價一般會到低點，因為 NB、PC 等消費性電子類商品都已經完成備貨，準備在買氣最旺的假期斬獲銷售佳績，但這時較上游的記憶體就不是拉貨期了，市場報價也會跟著往下掉。

不過，記憶體這市場實在有趣，一些做模組的廠商會在下半年開始在市場慢慢掃貨，像威剛（3260）、華邦電（2344）、群聯（8299）等，為什麼？為了在隔年上半年記憶體現貨價格變高時開始出貨，也就是「低買高賣」的概念。

所以記憶體廠商通常在年底報價最低，股價也相對是一年到頭來的低點，但卻有種開始止跌、甚至開始往上爬的味道。

所以，記憶體模組廠最風光的時間，多半就是在他們隔年上半年到年中時，業績展現亮眼，股價也因而爬升，因為光靠手上的庫存出脫就能拉抬不錯的業績表現。這些就是我所謂的季節性

變化型投資。

　　而另外兩個投資必需關注的現象「缺貨」與「轉型」，則是我覺得更重要的投資思考方向。有幾個我所真正獲得收益並且打敗大盤的故事，請大家接著往下看。

缺貨題材是敏銳的投資人最喜歡的味道

　　第二個需要觀察的關鍵是「缺貨題材」，其實這比季節性投資更有意義和質感，不過，得花力氣去研究的時間更長，你得深入的去瞭解產業真正缺貨的原因，是長期還是短期，並比較歷史經驗來評估這樣的缺貨問題，是否會讓投資市場買帳。我剛講的南電就是這樣，只不過投資人有時並不理解原因，甚致不會興奮，所以做點功課及等待時機，投資的勝率是很高的。

　　2019到2020年初，當時南電股價大概都只在35至50元之間上下震盪，我記得我去香港和新加坡與投資人見面時，不斷提到南電ABF載板的缺貨不會是兩三個月的事，而是三五年的改變。大家明顯認為載板並不是什麼新科技，更何況這個產業已經存在

多年，甚致認定南電就是一個不會賺錢的公司。

另外，台灣還有另一家會賺錢、同時也是全球最大的的載板公司叫欣興電子（3037），客戶反過頭來質疑我，何必去看一個看起來很老派、沒有生氣、在台塑集團下的南電，當時南電的本業一直虧損，所以許多基金經理人壓根兒就不想看他。

直到現在，還是有很多人記得那一年我不斷提醒投資市場關注南電的事，有投資人說，最早不斷講南電的是我，股價從3～50元漲到近600多元，在股價最火的時候，還有外資報告目標價推薦666元，老實說，我看了很自豪，因為當時我所推薦的理由，全部都被寫在這一年多來各家看多南電的報告上面了。

所以我說，堅守刻板印象，是一件不與時俱進的蠢事。

我再提一個差不多是被投資法人所遺棄的公司：宏達電（2498），我不知道本書上架時該公司股價會是多少，但我覺得宏達電這十多年所做的策略已經足以讓市場回頭來好好研究，實在不適合再有過度的刻板印象存在，很可能會錯失許多投資獲利的機會。你看雪紅姐姐的夫婿所主掌的威盛（2388），也因為控有新時代的不少產業、授權金、傳輸晶片等，也慢慢受到市場關注。

　　宏達電也是一個例子。同學傳給我一篇關於元宇宙的文章，解釋它將是一個下世代網路的概念，九等的年紀已經不小了，所以這種很虛幻的概念需要花力氣去理解，不過，像臉書、NVIDIA、微軟、蘋果等都已經全力投入，這是個時代的趨勢，不得不好好看看。你看現在的小朋友在新世代的平台，已經都不再需要那些八股實體的界面，很多什麼麥塊、線上全視覺的概念正在各領域被開發。

　　有投資人跟我說，他覺得VR那種東西感覺很笨重，看起來很沒發展潛力。但我認真研究後發現，那只是現在的狀態，未來不只有眼鏡才會進入元宇宙的世界，手機、電視、電腦等界面都可能是進場的配備，現在只是缺一個標準化的平台，內容物還沒有實際到位，我認為，當高速傳輸快到你感受不到距離時，很多VR裝置將會變成你身上的標配。

　　我會在後面專章提供我對元宇宙及投資的看法，要找到未來具備超額報酬的投資標的物，就得對新事物有更多的思考。

💲 規格升級的勝率最高

科技產業規格在升級調整的時候，你只要確定好脈絡，幾乎是穩操勝算，除非你押了不對的目標。

我在2020年底時推舉過一家做USB集線器的威鋒電子（6756）公司，這家公司正好又是雪紅姐姐和威盛集團的子公司。我在九等觀察的網路平台上提過幾次，在高速傳輸晶片裡有華碩集團相挺的祥碩（5269），而我確信2020年底上市掛牌IPO、又是威盛集團關係企業的威鋒電子，在傳輸規格升級的路上，一定會佔有一席之地。

另外，值得一提的是，經常有投資人問我一個問題，在一個產業裡既然有老大存在，為何要去買老二或老三？我認為，老大的定義是威猛的，通常都已經被過度關注，而哪個老大不是從小隻開始長大的？而我特別喜歡找到好的老二，是因為老大在幾年間已經過度被市場追捧，市場對老大的容忍程度也會逐漸變小，這麼一來，被忽略的二線有可能會追上，變成另一個老大。

《投資最重要的事》一書裡面有一句話很棒：The positive thinker sees the invisible, feels the intangible, and achieves the impossible.（正向思考者能看到別人看不到的，感受到無形的事

物，並且達到被別人認為不可能的成就）。

所以，不要因為刻板印象而失去任何投資機會。

綜合整理一下，我把具投資潛力的目標分三種：一是規格升級的題材，你得找到最終的受益者；二是產業缺貨問題，你得徹底了解為什麼缺貨、實際的狀況，還得隨時觀察市場的氛圍；三是有季節性變化、可供投資的產業。

🪙 市場並不一定完全反映現況

我和股神巴菲特一樣，不相信市場完全反應理論。

先讓我解釋一下所謂「市場完全反應理論」是什麼意思，用白話文來說，就是「當足以影響股市波動的事件一旦曝光、見報、眾所周知後，市場可能早已經反應完了。」

但價值型投資人卻不這麼認為，也不認為一個交易日就會反應全部的利多，或全部的利空。

　　投資最重要的並不是當沖跑短線，除非你的資金相當大，券商給你的手續費折扣很大，你能在殺進殺出時靠著一點點股票價位波動就賺錢，不然，沖沖樂還是不如波段樂。

　　還是Oaktree Capital Management（橡樹資本）創辦人霍華・馬克斯（Howard Marks）提點的一句話對我影響深遠，若你想在投資中獲利，建議你照三餐把它唸三次，寫出來傳給子孫。其實他講過很多很受用的話，只是這句實在很令我觸動，很有感，也很適合價值型投資人、長期存股族一個重要指標，他認為投資最重要的是，「股價和價值之間的關係」，他說：「**investment success doesn't come from "buying good things," but rather from "buying things well".**」（投資不是因為買到好東西，而是買的好）。

　　這句話怎麼完美解讀呢？他說的是：當一件能夠持續發生的事，他的衝擊將不會只存在於短暫的時間裡；當你發現一家公司「未來價值遠超過目標」的股價，就該是你投資的時間點，而**投資往往不是因為你買到好的東西，而是你買到他的「價值」高於「股價」的時候。**

　　所以，兩情若是長久時，又豈在朝朝暮暮。存股這一套理論

我也有實際參與，把資金的一部份用這種方式、找尋價值型投資及高股息股票或ETF分批投入，除非暴漲暴跌，否則真沒必要天天搭理它，心理安定度也高。

巴菲特曾在一場演講時說：「**You don`t have to swing at everything, you can wait for the right pitch.**」（你不需要每次都揮棒，耐心等待那個「好打的球」吧！）

簡單一點說，不管一家公司再怎麼爛，當你發現它的價值和股價完全處於不合理的現象時，你就值得注意，這是否是最佳的投資時機。

02

準備賺錢的
基本動作

• • •

多開幾個交易帳戶

有一天，太太一早傳訊息說要訂餐廳，晚上要請我吃牛排，我突然驚覺到今天是我們的結婚紀念日。

記得十多年前剛滿三十歲的時候，騎著我的豪邁125在路上飛馳，突然之間有種哀傷的感覺，我當時想，怎麼匆匆就年屆三十了？記得還十幾二十青春時，三十可是老阿伯的年紀啊。人家說三十是而立之年，那時的我，卻還什麼也不是，突然有種必需長大的壓力。

有一回我和緯創一位事業群的總經理吃居酒屋。我和他認識很久了，我們幾乎在過去十多年每年的年底都會約個小年終，很少間斷。他在我還三十的那年跟我說，你要珍惜三十到四十的這十年，因為你工作最忙的時間在這個時候，最需要努力升職成長的時候在這時，而且你結婚也可能在這時候，小朋友出生也在這時間，這十年會讓你覺得好像就那麼一瞬間。

　　這什麼感覺呢？我跟你們形容一下，你好像去茶水間時遇到同事閒聊兩句，突然電話響了，你接起電話說：我等會兒再打給你，然後你轉頭想跟同事再聊兩句時，卻發現已經過去十年了。

　　就這麼快，就這麼可怕。所以，**一定要立刻開始賺錢，而投資是一個最佳的方式。**

　　很多人在三十歲以前是月光族，但這些光光們有些不是因為薪水太低，即便收入不菲，卻多半拿來遊戲人間，「玩」固然很重要，但拿一部份投資更重要，真的不要嫌錢少不夠花。

　　我一個朋友是健身教練，算得上紅牌、王牌，說實在的我真的覺得他教的很不錯，他在健身、教學的口條，還有對人類肌肉的狀況非常瞭解，卻對投資一點概念也沒有，把辛苦賺的錢都拿去買重機、玩樂。有次他跟我說，他身上都沒什麼錢，言語中難掩落寞、蒼涼。所以，投資要及早，了解投資的過程並不容易，但累積經驗絕對有很大的幫助。

如何找到投資機會？

先學著評價一家公司真正的價值。我曾經聽過一個投資前輩跟我說，要能「正確估計價值，才有成功的希望。」其實這就是為什麼要那麼多分析師把公司股票的目標價算出來的原因。因為如果不知道公司到底在資本市場實際的價值是多少，你怎麼能在適切的時間出手投資呢？

這段話聽起來像是廢話，但「人人都懂的廢話」卻很重要，只是需要有點悟性才能了解其中的道理。

我把這段廢話作一點延伸，提供一些我自己的經驗給大家。

「如何找到投資機會」是九粉常寫信問我的問題。老實說，這個問題很難用一句話把它講清楚，但我想告訴大家，當九等遇到千載難逢的投資機會時，會用什麼方法去把一家公司的合理目標價算出來。

不過，我也建議大家去找一本投資經典書籍，橡樹資本創辦人霍華‧馬克斯寫的《投資最重要的事》，這本書把怎麼去估值這事說得很清楚。我之前一直提到過，很多大師級的投資哲學聽起來根本都是廢話，但你要努力把這廢話實際應用在你的投資

上。

他提到，**如果你決定採用「價值投資」，而且已經估算出證
券或資產的實質價值，接下來要做的事就是抱牢投資標的。在投
資界中，就算對某件事情看法正確，也不表示可以馬上印證。**

我相信很多人都這樣，股市在跌時，他們會比較不喜歡買進
投資標的，因為他們開始懷疑當初的買進決定。我也經常這樣，
所以我才說把一些投資大師的書拿出來當經書一樣念，氣定神閒
的看這凡間投資的俗事，度過一些短暫的風暴。

🪙💲 正確估計價值，才有成功的希望

看完《投資最重要的事》，還是沒看到霍華‧馬克斯有講出
怎麼去估計一家公司的價值，他只說了一個重點：**「正確估計價
值，才有成功的希望。」** 廢話中的廢話，但很實際。

投資產業有很多券商分析師，而他們是怎麼去算出一個合理
目標價呢？最常用的是本益比，所謂的 Price to Earning，就是股

價除以今年或明年或從現在往後估算四個季度的每股盈餘，看看現在股價的本益比是幾倍。有的十倍有的二十或三十倍，拿來和相同產業或自己過去投資標的的歷史本益比作對照。

我原本也是一家外資分析師，經常寫一些連我自己都懶得讀的報告，因為我一直在一個很成熟的下游硬體產業裡摸索耕耘，十年前這些公司的股價長這個德性，十幾年後還是長這個德性，也就是說，這些公司的合理價格就已經擺在你的面前，成熟產業除非有一個突破性、結構性的轉變，比如油電車變電動車、實體變虛擬、慢速變高速或製程完全越級打怪，否則，我認為市場最簡易的看法，就是用一個本益比10倍上下來作為基礎評價。

然而，本益比也只能作為一個參考，中間參雜很多不同的因素，例如重大利多或利空、市場觀注度或未來發展性，因為在不同的條件下要給予不同的評價倍數。

這也就是為什麼同一家公司看好的分析師給很高的評價，看壞的分析師給很低的評價。他們會基於這家公司或產業的歷史，決定他應該在什麼因素下分析，讓公司能夠享有什麼樣的評價。

對於不賺錢的公司，分析師就可能用本淨比，所謂的Price to Book Value（現在的股價除以當前或上一季財報公告的公司淨

值），評估這家公司未來獲利數字逐漸出現時，隨著淨值成長，他的股價應該合理在什麼價位上。

評價還有很多有的沒的，許多分析師弄了一堆評價數據加總所得出來的目標價，通常都是為了佐證他們看好或看壞的方向，有個能參考的數據。甚至有些分析師為了出名，搞了一個特別高或低的目標價，但實際一看，他居然用三五年後的每股盈餘來估出這個價值，雖然不能說完全沒有可能，但看到三五年後實在就有點離譜了，大的外資券商出這種報告都會在一個激情過後就轉而平淡，他們做這種事不外乎就是為了強調他們多看好或多看壞而設的一個目標價罷了。

我實在不想講太多枯燥的評價方式，不同的產業別和不同的金融市場給的評價也會差很多。

這麼說好了，像聯發科在台灣是市值很大的公司，但幾年前它在大陸轉投資的匯頂科技，一間做觸控IC設計的小公司，市值竟然曾一度超過聯發科。2019年這家小公司不過每股小賺個4塊多人民幣，本益比就被炒到100多倍，台灣的發哥在這疫情前後的獲利預估超過每股60塊台幣，股價一度破千元，但股價本益比也不過是13～14倍左右，不同股票市場的差異會如此巨大，

很特別吧。

回到產業別的差異來看，下游組裝產業的廠商因為都很成熟，大家講的「毛三道四」的毛利率，有給到10倍的本益比都算給力了。鴻海算得上是一家努力創新的公司，最近很積極的朝向電動車市場發展，但市場都還沒把他這些生意可能產生的獲利算進來，今年EPS市場估計獲利9.8塊，股價在2021～2022年都卡在100多元，本益比11倍都不到。

所以啦，我們投資是要看未來，評價是這樣的，要估計價值，你得要對公司和產業深入了解，你若覺得鴻海會因為車用產業而跳脫原有商業範疇，未來你認為他獲利數字會往上漲，評價就會往上調，那你就可以做一個初步的估算，什麼樣的股價才是合理的價位。

怎麼看券商的報告？

　　有九粉曾經問我，怎麼去判斷券商的報告？怎麼使用？這問題其實有難度。但我是這麼想的，報告是讓你了解這一家公司或產業的部份現況，但中間經常存在這些**券商或分析師的主觀判讀，盡信書不如無書，了解他們寫什麼，做出獨立判斷後，再對每次事件充份的懷疑，最後找出一個合理的答案。**

　　真正值得信任的分析師必需要有一個非常重要的特點：「貼近市場及產業」，知道市場和產業關聯性，而不是像個教書匠，三四年前寫了第一個初始報告後就從來沒有改過任何評等，一路BUY到底，或一路SELL到底，這種報告真的一點意義都沒有。

實用的投資方式：多開幾個交易帳戶

接下來，我提供一個不錯的方法，對股市研究深入的九粉或沒什麼投資觀念的九粉都適用：**多開幾個證券交易戶，把不同類型的投資都拆分，「價值型投資」的放一起，而「交易型投資」像當沖、短期交易、融資戶等則集中到另一個帳戶裡。**

價值型投資的帳戶，只存放長期投資標的，無論是你看好的投資標的、或是只等配股配息的ETF或高股息報酬標的，這戶頭你幾乎可以每個月定期投資。這樣做是有實質意義的，**因為投資最重要的在於心裡素質，你把不同種類交易型態的個股、權證或ETF全放在一起，會經常導致你心浮氣躁，應該把價值型和交易型投資帳戶分開。**

相信我，這麼做一兩年後，你重新回來聽我這一段話，應該會有很深刻的理解。對於價值型投資的帳戶，當你準備下好離手時，就不會受到市場不理性的影響，長期的加碼投資後，成果會比你想像來的豐碩。

把你的財富智慧做體質上的改造，說實在的，巴菲特都曾經提過，別把投資複雜化，有點耐心找到長期價值的標的，穩定成長，這也是為什麼市場上不少人認為，存股是一個投資的方式，

但要做到不受過度干擾,可以試試看九等說的,開多幾個帳戶,多樣化你的投資策略。

投資市場的重要常識

美股和台股的關聯性要看哪一個? 有些人沒有意會到這件事,所以我把它設為頭號常識。

美國股市有幾個重要的指數:道瓊工業指數、納斯達克科技指數、費城半導體指數、S&P500指數。哪個指數對我們台股漲跌較有正相關呢?答案是「費城半導體」指數,主因是台灣半導體及科技類相關公司多和費半指數裡的成份股有關,而在金融業內會用它指數Ticker:SOX(全名是PHLX Semiconductor Sector Index)來表示。

當然納斯達克科技指數也相關,但程度上,費半相對直接。所以,別一早看到美股道瓊指數就先高興或害怕,先看看費半指數再說吧。

什麼是投資人最關切的事?

當你聽到新聞、有機會參加法人會議時，要能分辨新訊息的重點，每一項訊息都要分辨清楚對股價是正向還是負向，據以判斷季度業績公佈後的股價表現。

買賣零股可能買到便宜，但不能當天沖銷賣掉，小心別變成違約！

幾年前開放盤中零股交易後，自己在網路交易平台上就能買賣零股。但大家是否知道零股很常出現價差，有時你準備要買幾張股票時可以看看零股盤有沒有價差，例如聯電零股買價48.1元，但現股價格卻在48.3，但需注意的是，即便你零股湊成一張，也不能在當天做現沖當沖交易，可都得在隔天才能把這些零股賣掉，別傻傻的湊了好幾張想做套利，結果交割日違約喔！

找到會賺錢的標的

最近我在車上等孩子下課時，又在Netflix上看了一次《華爾街之狼》，我很喜歡這部片子，裡頭有太多東西和我的工作有所關聯，雖然時空背景不同，但我還是能從裡面學到很多。

雖然我只是個打工仔，但我剛出社會工作時，是在美國紐約當媒體記者開始做起的，回到台灣後主跑科技產業新聞，因為很久之前就設立好了職涯的規劃，所以在當記者的幾年後，就轉到券商自營部（所謂自營是指公司、券商、銀行用自己的資金投資，而非運用向外募集的錢），接著被挖角到一家外資投資銀行當分析師，十多前換作外資法人業務。分析師一般是寫投資報告，需要對個別產業有深入的研究，而證券業務則像是把分析師所產出的報告及統整過的全球資訊，有系統的介紹給投資方。外資法人業務的客戶多是國際型的投資機構。

多年來我一直在做一件事：溝通、賣想法、賣觀念。我很多朋友都說，遇見我之後才發現，靠說話、溝通及協調也能賺錢。其實靠說話賺錢的行業很多，投資當然也是。

《華爾街之狼》的主角Jordan Belfort的故事，不在於他在金融市場怎麼去撈錢，還是那堆荒誕到不行的過程。我認為有興趣從事投資的人，都應該多看幾次，把一些事件、經驗運用在自己的財富智商上。

主角Belfort說，他曾經是那個有錢到不行的人，但他也曾經窮到什麼都沒有，但他的信念總是會偏向有錢的那一邊思考。這和我所謂要有財富智商必需先打造自己擁有財富智商的腦袋是

一樣的。

劇中他有幾個拍案叫絕的例子，像是如何用說服力去取得投資人的信任，讓垃圾也賣得出去。最絕妙的，不外乎就是拿出一支筆來銷售，業務人員賣東西並不是一股腦的說這支筆到底多好用，而是依對方需求，讓他相信他缺的就是這支筆。

而為什麼我覺得「說服力」在投資判斷力上很重要呢？我記得阿里巴巴馬云曾經講過，如果連你自己都不相信這件事，那別人怎麼會相信呢？

要不斷的強化溝通能力

在一次巴菲特和微軟創辦人比爾蓋茲同場的論壇中，有人問巴菲特，她剛要進職場求職，什麼是最重要的學習方向？什麼對她未來的人生及財富有幫助？你知道老巴講什麼嗎？他說：「不斷的學習溝通能力，認真看待如何藉由清楚有條理的話語去與人溝通。」

我覺得這太像我在做的事了，而換到投資的角度，當我要去

說服海外那些虎背熊腰、且每天會接收到很多家券商業務、分析師服務的投資人時，**懂得對方的需求是重要的第一步，而說服對方投資之前，不斷反覆問自己投資標的是否能賺錢、為什麼值得投資的理由是非常重要的事。**

我通常不會一致性的把一套拳打在所有人的身上，我會先擬好策略，從大方向開始，面對每個投資方時（包含我自己），說服自己如何投資。把一個劇本放在心裡想過一遍，而這個順場的過程會想著，是否說服得了我自己，是否能夠把這個投資邏輯或標的賣給市場。所以，「說服」其實是找尋投資標的十分重要的方式，

雖然投資真的因人而異，九等建議了幾個實際可行、且一點也不困難的方法，包含建議充實財商腦袋、千萬不要因為任何刻版印象而失去可能的投資機會，要完全分析自己的投資習性，試著評價自己發現的投資標的物，最後，就是今天講的把自己當成是外資分析師或業務，說服自己是時候投資標的的理由。

其實我講的不少觀念，搭配著觀察個股的未來走勢，有九粉跟我說，命中率很高，也有九粉傳對帳單給我看，證明他們真的賺了錢。我希望給九粉們的是枝釣竿，而不是業界很多投顧老師帶進帶出的魚，畢竟我覺得那並不是長久可行的投資方式。在你

自己改造投資觀念後，其實很多事情會變的很不一樣。

認識這個市場在想什麼？

　　有一回我去香港出差，有投資人講了一句話，我覺得貼切傳神，而且精準的解釋了投資的哲理，是投資心態書最重要的一項學問。

　　一般在產業工作的人，身處其中看得很清楚，對公司的股價卻不見得有信心，而且常常覺得自己公司很爛，不明白股價為何卻一直漲。

　　相反的，從來沒踏進工廠瞭解過務實生意的金融市場人士，卻很敢喊、很敢做判斷，為何呢？

　　香港客戶在我們對談的當下，他說：「**I don't care it is true or not. At this moment, "trust it or not" is more important.**」（我不在乎這件事是真的還是假的，而是在這當下，我們相不相信它是真的更為重要。）言下之意，不管市場在傳的消息是不是真的，我們當下必需先思考大家相不相信這件事為

真，也是我們投資時得先面對的問題。

投資市場很多是以「造夢」為先。事實的好或壞不重要，重要的是現在我們應該要相信我們想相信的東西。所以，如果沒辦法同時判斷公司內部的人講的和金融市場想的，先別妄作決定買或賣！

另一位我十分尊敬的新加坡投資人，每年都會來台灣好幾趟，我在他身上也學到非常多的知識。

他每次看完公司，都會很興奮的講好多他的想法，從他身上我學到，投資非常需要「想像力」、「觀察力」、「推斷力」和「批判能力」。他的獲利能力非常的強，是個標準的長期投資人，幾乎不做任何短期投資的事，一旦決定投資標的，會連買好幾週，並下好就離手，然後持續的追蹤所投資的公司及其產業變化。他認為，**投資要心到，人也要到，必須感受公司的溫度**。他還告訴我，股價漲到一定的程度，若已經過於乖離且有些風險疑慮後，不要去賭一個更高的成長，因為它經常只會 Miss，很難 beat。

而一旦一家公司股價出現暴跌，一定伴隨著一些公司經營上的問題，不要想去探底攤平，因為那經常會破底，造成更大的虧損。

感受錢流的方向

很多人都會有一個疑問，到底怎麼投資才好？股市漲了又跌，跌了又漲，若你是價值型投資人，問題應該不大，因為持有看好的公司長期做股東，是價值型投資人主要的投資方式；但對交易型投資人來說就很難受了。即便是個價值型投資人，也希望在股價便宜的時候買進。我們先不要管技術線型，我想起一位很懂產業、也很懂股市的前輩曾經跟我講過：**「股價，其實會說話。」**

在市況好時，波段一路漲，但在股價一路漲的時候，若自己搞不清楚怎麼會漲，或他怎麼一路跌，且有時候股價走勢和自己想法完全顛倒時，**千萬不要揪結在這些難處**，因為「股價會說話」，你只是不知道別人知道的事而已。

市況不好時，如果和基本面無關，你便可以細細品味這句「股價會說話」。股市投資是種藝術，它結合心理學、從眾心態、恐懼感，時常也像小孩子一樣，突然之間就能可能破涕為笑。所以，不斷揪結一個跨不過去的崁沒有意義。**要跟著市場、跟著股票腳步前進後退，因為我們只想賺錢，如此而已。**

其實當你看了那麼多投資的書籍，也該知道沒有一個投資者

能給一個一體適用的投資方式，彈性一點，選擇價值型或交易型就看自己當時的狀況，找到自己適合的投資方式，在吸收各投資達人的觀念後，就能找到完全適合自己的方式，但不管做什麼樣的投資策略，有些東西都必需先作好準備。

第一步，肯定要先看市場的資金動向，舉一個實際的例子說明，投資人要怎麼樣察覺錢的方向？

美元指數是重要的參考指標

我先舉一個 2022 年美國聯準會一路升息的例子，說明如何觀測錢流的轉折變化，這點對投資是有實質意義的。美元指數（Dollar Index）是一個經常被財經媒體提到的數據，也是投資市場觀測美元走勢的指標，越高代表越強勢，顯示錢都回流到了美國。

美元走強，對新興市場就有一定的衝擊，用台幣來看，就是貶值，我們的錢在國際貨幣市場變薄，出國旅行、買泊來品就變貴，對持有美元的美國人來說，進口到美國的商品就會變得便

宜。

台灣主要以外銷商品為主，對外銷導向的公司來說，台幣貶值是有好處的，因為美元是國際主要流通貨幣，一般台灣科技公司的貿易收支結算也多是美元部位，台幣貶值常會讓他們在帳面上有匯兌收益出現，不過，美元走強則會造成反向衝擊，也是外資猛烈匯出的指標，而外資在台灣多半投放在股匯市場，錢出走，股市就容易走向空頭，且變得不活絡。

2022年9月底，美元指數漲到疫情期間最高價位114元，亞洲各國的股市都不好，每日的成交量很低，因為沒有資金流入市場，當大幅倒賣股票匯錢出去期間，股市如一灘死水。而這時間就可以盯住美元指數，每當美元指數突然有明顯的跌幅，例如當年度10月期間，美元指數從高點突然驟跌至105元，象徵資金開始轉移，於是就看到亞洲各國貨幣升值跡象，股市也開始變的活絡。

所以，美元指數是一個美元強弱的指標，用台幣對美元匯率其實看不出箇中端倪，用美元指數才有意義。而當外資大筆且集中的流回來時，首選肯定不會是流通率低的中小型個股，跨國性的投資法人通常會直接買進市值較大、體質好且透明度高的大型

權值股，在台灣當然就首推台積電啦。通常，一旦大型股起漲，其它各族群類股也就有機會跟著起飛了。

用白話來說，強勢美元是否緩解，觀察錢流是否已經回到股市是關鍵，尤其在面對新興市場時，這會是一個重要指標。

了解了美元指數與股市榮枯的關係後，我們可以繼續來觀察任何有關股市漲跌的數字。數字一向是投資市場最關心的焦點，說穿了，投資就是一些基礎的數學問題而已，大家在乎的數字不外乎各公司、各產業這個月做的是否比上個月、比去年同期好？

資料來源：彭博資訊

毛利率有沒有成長？市場的預期和結果有沒有一致？……股價的漲跌，都可以在這些數字裡找到答案。

很多人喜歡看技術線來做交易，但更重要的是如何看待市場心理，輔以當時的數字做分析，再做出自己認為勝率高的投資。

我知道很多九粉沒有力氣、也不想、或沒時間像職業級的江湖術士一樣，每天一大早就看一大堆經濟數據或新聞，但花點時間翻翻報紙或閱讀網路新聞，仍然是一個賺錢必要的好習慣，在開盤前做些準備，能知道所關注的市場或個股近期狀況，就能清楚明白漲或跌的理由，甚至有時候還能做一些小交易吃一點豆腐。

外資分析師的邏輯分析

股市裡主要投資者有三個來源，就是所謂的三大法人：外資法人、國內投信基金以及自營商，這三個來源的資金量大且集中，相較於散戶來說，對股市有較大的影響力。

所謂的外資，就是國外來台投資的法人機構，在正規的證券

投資領域，我們一般會大略區分為跨國投資機構的買方（Buyside），和提供研究分析及服務的賣方（Sellside）券商。本書絕大部份都會朝著買方投資的角度來看市場，但賣方的分析師同等重要，因為他們經常一篇報告就能影響股價走勢。

我經常會收到朋友傳來的訊息，都是關於某某外資對上市櫃公司的看法，例如像新聞標題：「七半導體股目標價 高盛下修」。我不知道一般人看到這些新聞會有什麼樣的想法，我將拿我的經驗，讓大家了解賣方分析師的生態，以窺知他們撰寫報告的邏輯思維。

大概在2000～2005年之間，我印象中最知名的半導體分析師，應該是瑞士信貸的印度裔分析師夏鮑文（Bhavin Shah）。現在台灣的半導體產業比15～20年前更好，半導體晶圓代工及晶片設計能力領先全球，美國、中國、歐洲等都不能忽視台灣半導體的重要性。

就我所知，2000～2010年間，在台灣能進入一線外資券商的半導體分析師，年薪多半上看3000～5000萬，據聞夏鮑文跳槽JP Morgan時，年薪已經達到1億新台幣，我和他不熟，無從證實，但我相信在台灣外資金童年代，只要被挖腳的大咖分析師，要個2000萬～3000萬年薪都不算什麼新聞，即便繳納了

30～40%所得稅後還是很多。但現在外資分析師的薪水已經沒那麼多了，也已經很久沒有人稱外資從業人員是金童了，他們的含金量越來越低，充其量只是所得高一點的打工仔罷了。

2010年後最有影響力的外資分析師，當屬成名在花旗、巴克萊資本的陸行之（Andrew Lu）。以前在媒體上看到他都覺得他很冷酷，認識後覺得他幽默風趣，而且相當願意扶持後輩，在他半導體組底下的分析師，後來也都闖出自己的天下。而被稱為最懂鴻海的分析師楊應超在當年影響力十足，他手下的科技研究團隊最多，印象中，他總是抱著一堆資料跟投資人簡報趨勢，退出外資分析師一職後，仍經常上媒體，我所認識的他，應該是這二十多年來跟媒體關係最好的分析師。

另外，也有越來越多的分析師轉作法人業務，因為有實際的研究經驗，一定程度上面對海外虎背熊腰的投資人，顯得更有底氣提供全方位的服務。我有位曾經在研究部門共事的同事張玄志，在晶片設計產業的分析很到位，有段時間轉職到德意志證券做起了外資業務，沒想到後來又從業務轉回分析師，我曾笑問他是不是瘋了，畢竟對我來說，在研究單位是種折磨。玄志近期轉到一家知名的跨國投資機構，繞了一圈從我的同事、競爭券商的業務，最後變成客戶，只能說這圈子真的很小。

陸行之當年所組的半導體相關產業分析師群裡，有一位應該是2015年後半導體產業最出名的新星侯明孝，他經常在台積電法說上用流利的英文發問，分析報告很犀利，因為出了些極端報告、並蠡測了相當高的目標價而被證交所盯上。

💲 要特別關注極端的分析

我記得他被市場關切時，是因一篇半導體IC智財供應商力旺（eMemory）的報告，訂出的目標價高過當時的股價幾乎將近一倍，引發市場資金湧進，證交所為了防止市場結合外資分析報告炒作，當時還訂了不少規定，例如要求新聞媒體自律，不用過度標示外資、分析師名字及目標價作標題。不過，以現在來看，當時力旺的報告堪稱是神作，因為後來公司的發展及獲利能力真如其所言，展現了十分不凡的分析能力。

是人才終不會消失，侯明孝後來進到里昂證券創造自己的時代，幾年內就成為近年來最年輕的科技研究部主管，直到2021年他180度換軌轉往投資買方的路博邁投信（Neuberger Berman），引起市場一陣譁然。

　　要講的人實在太多，就不一一介紹了。我覺得看任何文本不僅要知其知識，也得悟其動機。每個人都有故事，在報章媒體看到什麼分析師或券商的新聞，都可以自己在心裡作一個註記，一方面要看賣方分析師的個人風格，一方面也得看券商內部管束的氣氛。

　　例如歐美對內線交易有著相當嚴格限制，某些信譽卓著的外資銀行會調查員工使用WhatsApp等通訊軟體與客戶往來的訊息，市場未經證實的傳聞，尤其只是「聽說」的內部數字，若非當事公司官方發言，就越來越不允許發佈了。

　　這也是為什麼現在券商報告的聳動性越來越薄弱，影響力也是，連我在業界都覺得很多券商的報告怎麼出現在媒體上越來越少，其實他們沒掛，一方面是證券監管單位的管束力加大，再者許多分析師的狼性也減弱了。

　　所以，很多分析師的報告都平平淡淡，參照著市場共識差距不大的財務預估寫，這種報告可參考價值或市場衝擊度幾乎等於零。甚至有些分析師只是出一份初始報告後好像就沒他的事情了，然後一路把這套看法連講好幾季，甚至幾年。也有人把自己當作新聞人，跟著市場的傳聞作文章。當你盯著某個產業或分析

師久了，你就會知道他的習性是什麼。至於什麼樣的報告最會引起市場觀注呢？多半是個股調升或調降評等的報告，尤其若是一位始終不看好某產業的分析師突然出具一份反轉看多的報告，那將會是爆炸性十足的新聞，也很容易衝擊股價。

不過，市場上還是有些想成名的分析師，常會用較為極端的內容來更改評等與目標價，若分析師很有能力，投資建議的邏輯能力強，有根據的推薦個股，當然會逐漸成為熱門的明星。

所以，回到最先說的那篇高盛看淡半導體的新聞，這報告參考性大嗎？有的，我針對這個券商和分析師的觀察，高盛這兩年多原本就十分看好半導體，下調評等看起來好像很驚人，但認真思考一下，這也是券商的操作，產業好時把大家的預期拉到極端的高，當產業變不好時，再用力的往下調降評等，對我來說，這些都是券商擾動市場的方式。

接著，你應該做的事，是當看到這類相關新聞後，對照其它外資券商在同樣產業的預期數字，以高盛現在對各家半導體、IC、封裝測試等公司的目標價來看，相較其它券商來說，他們的數字還是高出其它看多券商。白話文就是，高盛在這產業的投資建議風格就是極端值，相對的，他們出這類升降評等的報告，其

衝擊性都比較大。

外資的研究報告可以讓你知道市場在想什麼、少花點力氣自己研究，但最後的投資的判斷，還是得靠自己。**投資一定要有獨立判斷的精神，更重要的是得檢視自己現金流的狀況，投資要的是「最後的獲利」，其它都是過程，除非投資標的出現結構性的改變，短時間的虧損並不見得是永久性的虧損，要以平常心去判斷投資方向。**

03

開始賺錢吧！

· · ·

記錄你的投資經過，可以幫你大忙。

　　市場上沒有一條規則是永遠行得通的，我在疫情期間認識不少認為賺錢是一件相當容易的事的人，其實因為是碰上股市大多頭；也遇過新進股市的研究助理，才剛到職沒兩個月就離職，聽說，他在股市賺了錢，成了大家恭維的「少年股神」，開始嫌薪水少，以他的能力實在不需要作這份工了。

　　不過，環境是不受控制的，而且也很少有事件能完全一樣的重複，投資人在不同時期的心理狀況不同，投資形態的變動很大。**有人說，投資是經濟學，但在我看來其實是一門藝術，因為投資始終都會出現一點混亂。投資方法應該藉由經驗和知識不間斷的去調適。**

$ 投資一定要停損嗎？

很多人都說要停損，但要在什麼情況下停損，一直都存在著疑問。

我有長達十年的時間一直在思考停損的問題。很多江湖術士投資專家會告訴你，要作好停損機制，我一直懷疑這說法要怎麼去理解才是正確的。要是有這麼容易就好了。回過來想，什麼時候需要停損？什麼時候該在股價跌時感到興奮？因為那能讓我用更低的價格買到好股票。

九等在投資這條路也是繳過很多學費，赤手空拳入行，跌跌撞撞很長一段時間。直到有一天突然頓悟，我從床上跳起來，理解了投資停損的合理解釋，經過自己的實證，的確改變我很多投資時的思考模式，由於我的職涯經驗特殊，更喜歡分析自己經驗帶來的教訓和收益。

投資需要停損嗎？我的答案是「不見得」，但這個答案是當這次的投資屬於「價值型投資」的範疇，已深入了解投資的產業和標的物時。記住一點，當公司及產業的現況發展和當初買進理由沒有出現結構性改變，且認知到股價下跌不會造成永久性的虧損，那你該覺得股價下跌是機會，而不是風險。

　　而什麼時候需要停損？就是當你了解自己、或這次的投資行為屬於「交易型投資」時，一旦感到有任何波動或形勢不對勁時，你就該立即讓這筆交易停損。

　　你可能不知道什麼是交易型態的投資，交易型投資就是：你聽別人報的牌、看技術線型、甚至根本講不出這間公司在做什麼，也不知道今天它為何漲為何跌的，當你發現股價走勢對自己不利時，不管虧損狀況，該停損就要停損。江湖上的人只告訴你要作好停損機制，但是要分清楚：那是講給交易型投資人聽的。

　　這樣你懂了吧？你把你手上的股票拉出來看，哪些是你實際算得出價值的，哪些你只想漲了賺點小錢就跑的公司。

　　接著我要說的就是量身檢視自己投資破綻的重要性。

　　我曾經有過三次嚴重虧損的經驗，不是虧錢心情壞壞那種，而是到了走頭無路、天崩地裂、不知所措的程度那種。

　　你必需先檢視自己的投資破綻。股票的波動都有它當時的故事，把原因找出來，觀察是否有改變，再做出相應的動作。我認為，不斷檢視自己投資的每個細目，為什麼這筆投資會獲利、為何這筆虧損，進場時間、出場時間、持有多長的時間等，都記錄

下來。

　　從錯誤中學習是很可貴的經驗。我最初在美國紐約當菜鳥記者時，跑的是布魯克林、布朗區的警線，額外跑跑社區日常的新聞，回台灣後從產業記者開始，就一直看筆記型電腦、零組件及處理器相關產業，後來轉進外資券商開始當分析師後，還是看電腦相關下游及零組件產業。當時覺得，我對這產業的發展算得上很熟了，卻好像一直沒有投資的緣份，沒有在這個自己熟悉的領域賺到錢。

　　後來我發現，主要是因為我沒有檢視自己到底為什麼投資賺不到錢，也不曾懷疑過自己投資操作出了什麼問題。直到我在外資圈接觸很多不同種類的外國投資人後，我發現他們雖然也是人，但有幾個特別利害，也讓我開始把投資的心態作大幅度的調整。

　　很多大師級別投資人的話很重要，我會用故事型態的經驗告訴讀者。在講我的故事之前，請**把你近三、五年的投資習慣拿出來徹底的檢視一遍，拿出你的對帳單，每筆獲利或虧損都做出自己的分析，你將發現這真的比你學江湖術士的技術線、內線、麵線來的有用很多。**

每個人的投資都有盲點，把錯誤的經驗剔除，用適合自己的方式做投資，真的比什麼都有用。

💲 不要犯同樣的錯誤

在我開始投資後，面對過好幾次相當嚴重的虧損經驗，虧損的金額一次比一次嚇人，隨著九等本身的財務淨值上升，我跟自己講，在有能力頂住虧損、再度爬回來時，我得記取教訓，絕對不能等我年紀更大時再犯同樣的錯誤。所以，「不能再犯同樣錯誤」，變成比什麼都還要重要的事。

《股票作手回憶錄》裡第一項就提到，華爾街沒有新鮮事，股市裡發生過的事，將來也會發生。以古鑑今來看一些投資方向，即便短期不如預期，也不會差別太大，一旦看錯，即時反應就好了

當交易市場的盤勢不好，就需要一點耐心。小時候時常聽人家說，市場上有三個主要的亂源，分別是：媒體、法人、立委，剛好前兩個我都有經驗。

　　媒體和法人什麼時候最好作亂，或者說「什麼時候最好寫故事？」一種時候是市況很好時，這好那好，普天同慶時最好寫，大家開心嘛，隨便找個認識不認識的路人出來問個兩句，都能當權威發言人士。一種就是市況很差時，所謂市況差是真的很糟，這不好那不好，在家裡打坐都能想出故事，說明這市況有多差，譬如說封城帶來的影響、升息帶來的衝擊、地震、水災、核爆、戰爭等等。但不管好或壞的程度都已經讓人麻痺時，那便是記者或分析師都最難寫故事和報告的時候。

　　當兵時班長最常講的是「耳朵長包皮的時間」，真的好像每天都在那繞圈圈。這些記者和分析師，就是重覆把之前的新聞或報告重新排列組合，把上次寫的最後一段的當今天的重點。

　　20多年前我在深夜聽到過台北之音廣播電台的一句話，很好應用在面對不知所措的投資時段：「很多事情我們沒有忘記，只是想不起來而已。」

活用你的桌曆或記事軟體

在當記者或分析師、甚至是這十年當外資法人業務時，經常用在工作和生活上的一個絕竅：活用我們的桌曆或記事軟體。你可以翻翻去年、前年或幾年前的此時，世界上發生什麼事，然後想一下這些事發生時，我們的投資怎麼應變，結果又是如何？你將會發現我們很多東西其實都在重覆的發生，且週而復始。

以前我真的不知道今天要寫什麼新聞時，會去資料庫查一下過去幾年這段時間我在寫什麼。這麼說好了，若把每個時間時序排出來，你就會對投資腳步怎麼踏更有感覺。像每個月初要注意營收；如果今年沒有那麼強的市場買氣，是不是回到以前所謂五窮六絕七上吊的產業狀態？而那時候投資又是什麼情況？

穩賺不賠之術！

股票市場裡有一個幾乎99%會獲利的投資模式，建議你在滿手現金時，有空沒事就去做這個「風險極低」的動作。

雖然我一直沒有什麼抽籤運，中彩票也很少，但我仍維持天

天作白日夢的好習慣。

常聽說，退伍前、結婚前、生子後運氣絕佳，印象中，二十多年前退伍前接連中過兩次大樂透五個號碼；有次尾牙抽籤，最大獎是獎金三萬元，當時只有一個名額，大家相當期待著，規則是抽到只剩五個人時，抽出最大獎金。而就要開始抽最大獎時，公司的顧問突然要改變規則，要抽最後一位，讓他原本是衰尾道人的卻變成最大獎得主。你們覺得我是最後的那位嗎？不是，我是原本按順序會得到大獎金的那位。這事讓我直到今天還感覺很嘔。

提醒大家，有事沒事點開你的券商 APP，若帳上現金還夠，就沒事多抽抽，多抽抽沒事，我兩年前抽過一張威鋒，拿到股票就變賣，那時獲利相當驚人，十多萬欸。運氣好的話，有些股票價差不大，抽到了賺不到幾千甚至沒幾百元，但沒什麼風險；我也有看過抽籤後股價跌太多的，價差居然是負數。

你可能會說，抽股票很難欸。但是，真的難嗎？

其實不會，我就抽到過不少次。不過，有一個重要的規則需要知道，若是你本人有多個同姓名的帳號在不同券商，記得不能同時以這些帳戶參加抽籤喔，那會失去中籤的資格，平白浪費手

續費。另外，要抽股票的話，記得扣款日那天帳上要有足額交割的錢。

有人問過我，他不確定帳上扣款那天現金夠不夠，會不會違約？不會的，他扣不到款，最多就是手續費20元沒有而已，所以我建議多點申購，扣不到就算了，有時帳上剛好有賣股現金入帳，或扣款那時剛好有現金，就不會錯過中籤的時機了。

另外一種不是抽籤，但同時會顯示在你手機承銷、競拍的那

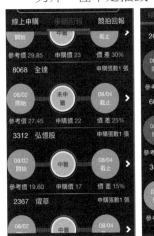 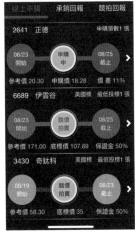 

參加股票抽籤，獲利機會極高，沒事就多抽抽吧！

資料來源：元大證券投資先生app

個選項內。有些公司會選擇美式競拍，其實不難，輸入他競拍底價以上的價格，再看一下目前他的股價，熱門股或很有發展潛力的個股當然得填的競拍價高一點，不然就機會不大。

競拍不像抽籤那樣只有一張的額度，但手續費要400元，因為不想讓太多小散戶來亂，也只需要用一戶去拍就夠了，不需要每個帳戶都去點，因為競拍可以填張數。扣款金額是以你要競拍的金額總數一半，就是你填100元要拍5張，他會先扣25萬+400元。一旦你價高拍到股票，在繳款日若扣不到剩下金額一半，那先前繳的25萬就飛了。另外，不管有沒有拍到或完成繳款，那400元是一定會被扣走的。

投資金典：知己知彼 百戰不殆

講一個投資圈大部份人會做的事，了解這個市場大部份人的行為，應該是想投資時最重要的事吧！

一般上班族忙著自己的工作，對市場的訊息接受頻率較少，漲跌到一個過度興奮或絕望時，會把接收訊息的意願降的更低。不過，孫子兵法裡告訴想打仗的人一件十分重要的事：「**知己知**

彼，百戰不殆」。戰勝不是最重要的事，而是如何處於不敗的位置。

所以，了解正在發生的事，是投資必要的準備。券商的業務、交易員、分析師等，大部份是公司最早上班的人，甚至比買方客戶的基金經理人們上班的還要早，會在開早會前把重要的新聞看一遍，對今天可能會造成股市衝擊的新聞，在腦子裡預先想一下。一段時間過後，就慢慢能融會貫通什麼事情會導致什麼結果。

舉例來說，美國提出對中國哪些公司或產業發佈禁令？是否會影響到台灣的供應鏈？若台灣的公司絕大部份供貨給這些中國公司，這個禁令肯定會出大事。

不過提醒一下，即便對股價可能造成衝擊，也得冷靜的思考這件事是長期影響嗎？是否已經在股價裡發酵過、還是僅只是傳聞？

衝擊有正有負，有時興沖沖作了什麼投資決定，但卻只是一個短暫的衝擊；以為大事發生得作空，結果沒一會兒功夫市場冷靜後卻又反彈；但反之，若判斷這僅是短期市場恐慌性賣壓，對未來長期正向趨勢不會造成影響，那就出現了很好的機會，能讓

你用更低的成本投資。

以前九等經常提到一句話，**虧損並不可怕，若不會造成永久性的虧損，那這項投資可能不是風險，而是機會。**

所以，看新聞很重要，即便你沒有經常性做交易型投資，也應該密切關注市場發生了什麼事。

提出問題及建議，收集反饋資訊

上面提到的是訊息的吸收，接著就是找尋答案。很多新聞提到的產業或國際金融大事，其實不見得每個我們都懂，所以當有疑問時就該去找答案，或當自己判斷的方向性不同時，也該去找答案。這些也是投資市場每天在做的事。

找答案的方式很多種，九粉們可以問問朋友、聊聊天、找找谷哥大神都行，若自己已經有所投資判斷，那就等著讓股價說話吧。投資是個群眾心理路線，每個人都會有不同的理由買進或賣出。

不要把投資市場當做賭場，買賣不順心就要先停看聽。

　　股市基本上每天都會開業，除了颱風天、國定假日之外，周一到周五都有開，而且營業時間也不是只有一小時，台股相對其它市場較短，但九點到下午一點半也有個四個半小時，足夠你「細火慢燉」了，千萬不要倉皇下注。

　　一旦感覺到投資難下定論、不順心時，就該即時停手觀察一陣子，有時你或許會覺得毫無投資目標出現，但不打緊，股神巴菲特不是提過**九宮格理論**嗎？你不需要每一棒都揮球，當紅中直球出現時，就要毫不猶豫的全力揮棒，獲得更好的超額報酬。

　　孫子兵法提到強弱敵對的狀況，我也認為投資行為像是敵對互戰，仗應該越打越順才對，若近期市況不明確、股市能量及共識不足時，應該避戰且不求戰，有些時局裡打鬥雙方都是輸家，即便對了，賺那麼一點點又如何？

🪙 台股一直都有的季節性變化

　　有人曾經問過我一個問題，下個月股市會漲還是會跌？一般人應該會覺得這根本是求神問佛的問題，但事實上，某些月份是有些漲跌季節性格可以做些預測的。

　　數據會說話，這也是為什麼大數據分析越來越火紅，不管什麼行業，把數據統整出來觀察，就有可能發現其中的規則。

　　我們經常忘記一些事，而這些事卻經常周而復始的困擾著我們。所以，每當想要做預測時，試著拿些過去的經驗和數據作判斷，鑑古知今。這裡有一個圖給大家參考看看，也證明產業的確會有季節性的變化，大盤也有些值得玩味的地方。

　　曾經有人問我，**每年到年底都會聽到市場上說，12月是外資休假時間，而這個時候，是否不該持有太多股票？或者說那正是物色新股票的好時機？**

　　下面的表格，是20年來每個月份台股指數月成長、月衰減的統計圖，你會有點吃驚，市場漲跌其實是有「季節性格」，20年以來只有3次在12月份下跌，總體來看，**台灣股市12月份平均上漲2.63%**，也就是說12月總體股市應該算是個好月。

台灣股市2002至2022年各月漲跌幅統計

	Jan	Feb	Mar	Apr	May	Jun	Jul	Aug	Sep	Oct	Nov	Dec
20 Yr Avg	.53	1.79	1.02	1.65	.31	-.16	.72	-.70	-.47	.12	.32	2.63
2022	-2.99	-.13	.23	-6.22	1.30	-11.79	1.18	.64	-11.07	-3.54	14.90	-.17
2021	2.75	5.39	2.99	6.91	-2.84	4.03	-2.86	1.41	-3.18	.31	2.59	4.54
2020	-4.18	-1.77	-14.03	13.23	-.45	6.21	8.98	-.58	-.60	.25	9.38	7.36
2019	2.11	3.20	2.42	3.07	-4.28	2.21	.87	-1.90	1.99	4.89	1.15	4.42
2018	4.33	-2.60	.96	-2.40	2.04	-.35	2.04	.06	-.52	-10.94	.88	-1.62
2017	2.10	3.20	.63	.62	1.71	3.53	.31	1.52	-1.92	3.95	-2.16	.78
2016	-2.31	3.27	3.97	-4.20	1.88	1.53	3.67	.94	1.08	1.34	-.53	.14
2015	.59	2.78	-.37	2.44	-1.21	-3.90	-7.05	-5.66	.08	4.56	-2.73	.21
2014	-1.73	2.09	2.43	-.65	3.24	3.49	-.82	1.29	-4.97	.09	2.37	1.31
2013	1.95	.61	.26	2.21	1.99	-2.33	.57	-1.06	1.89	3.38	-.51	2.43
2012	6.29	8.04	-2.32	-5.44	-2.67	-.07	-.35	1.74	4.30	-7.12	5.78	1.57
2011	1.93	-5.97	.97	3.74	-.21	-3.74	-.10	-10.44	-6.67	5.01	-9.01	2.43
2010	-6.69	-2.67	6.51	1.06	-7.87	-.60	5.88	-1.86	8.16	.60	1.03	7.17
2009	-7.48	7.28	14.34	15.00	14.98	-6.65	10.04	-3.56	10.01	-2.25	3.30	7.99
2008	11.58	11.86	1.90	4.05	-3.37	-12.71	-6.64	.31	-18.83	-14.84	-8.42	2.93
2007	-1.59	2.63	-.22	-.11	3.42	9.06	4.55	-3.29	5.50	2.48	-11.58	-.93
2006	-.25	.45	.80	8.43	-4.53	-2.08	-3.73	2.44	4.10	2.01	7.78	3.38
2005	-2.37	3.56	-3.25	-3.13	3.33	3.83	1.12	-4.41	1.41	-5.79	7.62	5.56
2004	8.23	5.88	-3.38	-6.20	-2.29	-2.32	-7.17	6.36	1.39	-2.39	2.43	5.05
2003	12.64	-11.62	-2.51	-4.01	9.80	6.94	9.16	6.25	-.70	7.73	-4.52	2.06
2002	5.78	-3.00	8.28	-1.65	-6.43	-9.20	-4.14	-3.55	-12.03	9.24	1.48	-4.18

-18.83　　　　　　　　15.00

資料來源：彭博資訊

年底的確有不少歐美假期出現，放假的心情多少會影響市場量能，但是否該減持股票，每年的狀況都不太一樣。

就我的經驗來看，12月外資買進賣出的成交量的確可能減少，但卻也是國內投資法人可以選擇拉抬個股的時候，**一方面12月沒有什麼季報、年報公佈的干擾，投資市場能為隔年做做夢，另一方面也因為接近年底，不少作帳行情也可能出現。**

這個圖是12月上旬下載的，當時的我認為，2022年比較特殊，因為11月份大盤指數急漲了15%，印象中單月大盤大漲超過兩位數的就只有2009年的「無基之彈」（無基本面的反彈），當年台灣失業率接近6%、經濟成長率負10%。現在台灣產業的基本面是正常的，股市上漲的氣氛雖然還是有，但應該會平穩一些，但要在11月大漲後再接著連漲應該不容易。所以，有了這20年來的大盤漲跌幅數據，要判斷接下來的狀況就容易多了。

法說會的價值

法說會是上市櫃公司提供給投資法人、券商分析師及媒體的季度、年度的業績報告說明會。會中，多半是由公司發言人或總經理、甚至是董事長親自主持，不僅說明過去季度業績的表現，

也會提供部分公司未來營運的目標或看法。一般公司還是會儘量回答投資人的提問，像是訂單能見度、未來毛利率表現、營收展望等等，不過，也有些公司法說會有講跟沒講一樣，對未來營運看法惜字如金，要嘛說「不知道」、「沒看到」、「說這還太早」等，大立光(3008)的董事長就是這類惜字如金的代表性人物。有時了解各公司發言的調性，就多少能知道法說會內容是否對股價變動有參考性。

我建議一般投資人如果想知道法說會公佈的季度財務業績是否會對隔天的股價有所影響，需特別關注公司方是否有提到「未來目標下修」或「意料之外」的發言，否則，若是上一季度「毛利率」表現亮眼，接下來也沒有大幅毛利率修正的問題，隔日的股價表現基本上都是漲勢居多。當然也有例外的情況，那多半是因為受到國際股市的衝擊，覆巢之下難有完卵也！

有些人會有疑問：法說會是否是了解經營團隊或營運方向最好的方式？因為學習投資這件事，好像除了財報之外，也該了解經營團隊的信用。有沒有什麼方法去檢視法說會的重點？

之前我曾經提過，所謂知己知彼、百戰不殆，能更深入了解公司的狀況，對價值性投資當然很有幫助，很多小投資者只願聽信市場（或投顧老師）有目的性的分析整理，雖然較容易了解，

但也可能誤入圈套。

　　股市就這樣，正反面看法都有，若能參與對投資法人所召開的法說會，聽一手的感觸，絕對比二手傳播來的更扎實；經驗多了，自然就能判斷公司經營團隊的能力及態度。

　　至於**公司的信用當然很重要**，雖然也常聽到投資人或散戶有些刻板印象，說一些公司的講法會騙人，但經營的不確定性本來就很多，經營團隊今天講的話，也不可能市場就照這樣走，若一切都照著公司法說會上說的發生，那就不需要分析師的分析了。Covid-19疫情後有許多科技大廠都在大裁員，他們過去也沒想到業績急劇衰退那麼多，不是嗎？

　　很多法說會都是公開的，也有不少線上會議，一些券商的網站上會統整近期法說會的時間，稍微Google一下就會找到不少參與法說會的資訊。有些雖然只開放給投資法人、券商分析師和媒體參與，但認真點搜集資料，即使只拿著投資報告或媒體報導資料做整理，相信沒多久自己對投資的判斷力也會增強。投資判斷力是需要練習的，一段時間後投資勝率也會提升。

04

" 小朋友才做選擇; "
我全都要!

• • •

機會是靠等待來的。

　　這部份我想分析投資股市的管道及方式，先提供一個時下最當道的ETF存股，再拿幾個2020年後的實際案例，從完全乏人問津的個股瘋漲的分析，來探討如何著手找到這類價值型投資的方法。

想每個月都拿息嗎？ ETF 是絕佳的投資工具

　　以前其實沒得選，大部份的ETF都和股票差不多，一年就配一次息。但現在ETF越來越多元，尤其為了吸引投資人加入，很多ETF採取季配的方式，應用得宜，就能讓我們月月領到現金股利。

　　什麼是ETF ？讓我稍微作一下名詞解釋。ETF的原文是Exchange Traded Funds，它無需另外開戶，只要你已經有證券交

易戶，就能買賣。其實，ETF是「交易型基金」的簡稱，它可以在證券交易所上市交易，就很像是基金類型的產品。ETF的運作方式類似於股票，投資者可以在市場開放時間內隨時買進或賣出，並且不需要像傳統基金一樣等到市場關閉後才能進行交易。

ETF的「投資組合」通常追蹤某個指數，例如S&P 500指數或道瓊工業平均指數，以達到分散投資的效果，後來越來越多券商發行高股息ETF、5G概念ETF、半導體ETF、以「環境、社會、公司治理」（Environmental, Social, and Governance; ESG）為主的ESG類型的ETF。ETF可以投資於股票、債券、商品等不同資產類別，這樣投資者就可以透過ETF以較低的成本和更高的流動性進行多元化投資。

總括來說，ETF是一種方便易用、低成本、高流動性的投資產品，能夠幫助投資者實現多元化投資目標。市場上例如元大、富邦、永豐金、中信證券等都有發行不同類型的ETF，配置不同比例的股票，透過分散風險的方式在股市提供買賣。

以最大市值的元大台灣50為例，和上市櫃公司一樣擁有一個股票代碼，元大台灣50就是0050，其成份包含台灣股市中最大的50家公司的股票，買一張元大發行的台灣50 ETF，就等同於手上同時擁有這50家公司，不僅不需具備巨資才能購足，交

易及管理成本也更低（一般股票交易稅是千分之三，而ETF的交易稅則僅為千分之一），同時不同ETF也有不同的配息方式，作好功課，可以讓你每個月都有息可拿。

有幾個值得關注的ETF，如果想要每個月拿到股息時，就可以照著九等選擇的邏輯，長期投資這些ETF。

很久以前，九等就寫過好幾篇文章，除了在好時機持有未來性好的股票之外，長期的購買ETF，絕對是你我都該做的一件事。從風險管理的角度來看，股市走空時，ETF的跌幅相對還是小一些，畢竟風險有分散。

投資 ETF 應著重在配息的收益

個人認為，買賣ETF並不是為了賺到價差，而在於配息的收益。 要存股，就要找「會配息」的ETF來買，才能享受股東收益享息的好處。以前我會買0056這類一年配息一次的ETF，但現在市場上有越來越多季配息的 **ETF**，我覺得挺不錯的，若做好研究和分配，還能讓自己每個月都能領到股息。

其實選擇ETF可以從生活經驗來參考配置，如果你認為未來

幾年虛擬實境的產業會有前景，或是對5G通訊有信心，便可以市場上相關的ETF產品做長期投資，持續性的買進。

目前台灣最大的三檔ETF分別是元大台灣50（0050）、元大高股息（0056）、國泰永續高股息（00878），市值都有新台幣2000億元之譜，這些ETF的資金規模對他們所含蓋的投資項目有很大的影響力。

舉個簡單例子，筆記型電腦組裝廠廣達、緯創等的毛利率並不高，當大盤沒有多頭氣勢表現時，股價卻一直有支撐，有一部份原因就來自於ETF資金的進駐，因為廣達、緯創等個股的股價雖然不像半導體IC產業那樣橫衝直撞，但每年的股息及配息率都高，屬於高股息及權值型ETF基金會加持的個股，如此一來，這些平日看來沒什麼吸引力的股票，就會招引到這麼大的ETF資金作後盾。

九等用自己的觀點，選出下列**4檔ETF，可以搭配著投資，就能每個月都可以領到股息。**不過，要知道除完息不見得一定會填息。但不斷存股來領息，是長期投資不錯的方式，只要把時間拉長至三年、五年、十年，你將會看到資產成長的樣子。

00878 國泰ESG永續高股息（除息月份：2、5、8、11）

我國ETF排行

資料時間：2023/05/06

名次	股名/股號	股價	漲跌	漲跌幅(%)	最高	最低	價差	市值(億)
1	元大台灣50 0050.TW	**117.80**	▲ 0.30	▲ 0.26%	118.05	117.40	0.65	2,752.42
2	元大高股息 0056.TW	**28.47**	▲ 0.02	▲ 0.07%	28.49	28.43	0.06	2,008.86
3	國泰永續高股息 00878.TW	17.68	▼ 0.05	▼ 0.28%	17.76	17.67	0.09	1,906.60
4	中信高評級公… 00772B.TWO	35.61	▼ 0.28	▼ 0.78%	35.70	35.60	0.10	927.56
5	群益10年IG金融債 00724B.TWO	33.06	▼ 0.26	▼ 0.78%	33.32	33.02	0.30	830.58
6	國泰A級公司債 00761B.TWO	36.93	▼ 0.26	▼ 0.70%	36.95	36.90	0.05	824.74
7	元大美債20年 00679B.TWO	32.63	▼ 0.18	▼ 0.55%	32.66	32.59	0.07	806.30
8	元大AAA至A公司債 00751B.TWO	34.93	▼ 0.30	▼ 0.85%	35.01	34.92	0.09	780.58
9	中信優先金融債 00773B.TWO	35.48	▼ 0.34	▼ 0.95%	35.71	35.47	0.24	771.15
10	國泰投資級公… 00725B.TWO	36.13	▼ 0.23	▼ 0.63%	36.16	36.08	0.08	684.51

（成交量　市值　成交金額　配息　殖利率　溢價差　折價差　績效排行）

資料來源：https://tw.stock.yahoo.com/tw-etf/total-assets

　　這檔ETF近年越來越火紅，是僅次於元大兩檔ETF 0056、0050之後，市值第三大的ETF，發行後不久，就有超過50萬名股東，有你有我有他。

ESG 是「環境、社會、公司治理」（Environmental, Social, and Governance）的縮寫，是國際間用來評估企業在環境、社會和公司治理等方面表現的一種指標。

具體來說，環境因素包括企業的碳足跡、能源使用、污染和廢棄物管理等；社會因素包括員工福利、人權、社區關係和顧客滿意度等；公司治理因素包括董事會結構、薪酬政策、股東權益和透明度等。

ESG 因素的考量已經成為許多投資機構和投資者在評估企業投資價值時不可或缺的一部分，因為 ESG 表現好的企業通常具有較高的長期經營穩定性和創新力，也能夠提高風險管理能力，從而吸引更多的投資。

該基金每季會公佈預期配發的股息，以 2022 年 5 月為例，每股配發 0.32 元，等於持有一張當季就有 320 元現金收入。先不要管會不會在除息後立刻填息，ETF 存股看的是長時間，而且會有一筆現金入袋。

小知識讓你知：若你的股息單次收益沒有超過 2 萬元，不會被加收 1.91% 的二代健保補充保費。以 2022 年 5 月 18 日配息前股價 17.9 元計算，合計四季的股息，推估殖利率就有 7.1%，十分

吸引人。

當然，這也不代表你就不會虧到錢，沒有立即填息的也不少；但相對來看，現在的股價頗有吸引力，若持續定期的加持，待股價慢慢回升，還會有不錯的價差收益。

2022年這檔的表現其實很優質，即便當年度上半年大盤跌了近13%，它卻只跌6.6%左右，它所持有的成份股多是具備永續經營發展、配息高的個股，而這些多是不太會漲、但也不太會爆跌的科技硬體個股，像是聯強、仁寶、廣達、光寶科等，並且還搭配有一些金融個股在其中。從存股的角度來看，這的確是相對保守優質。

00712 富時不動產（除息月份：3、6、9、12）

不動產似乎是一項抗通膨的好資產，而這檔ETF就是以持有國際不動資產為主的。就我來看，未來租金市場勢必因通膨壓力而升高，這是用一種利息、租金收入的概念來博取利益的ETF，同時是季配息。雖然它具有抗通膨的優勢，但全球股市在掉，它也會跟著一起跌，往好處看，反而能用更低的價位持有。

2023年前每股每季大概配有0.2元左右，年化殖利率也都有

6%以上。

00888 永豐台灣ESG（除息月份：1、4、7、10）

若你想要季配，又要金融、又要高比例擁有台積電，那永豐台灣ESG應該是個選項，它的配息比重算是很高的，2022年的配息達0.31元，殖利率相當高，經常超過7~8%。若維持這樣季配息金額，且成份股未來展望仍好，那長期來看，這樣的ETF就很優值，更何況全球都在推動環境永續發展的公司營運計劃，也就是ESG，這種趨勢不變的情況下，長期持有確實價值會倍增。

00891 中信半導體ETF（除息月份：2、5、8、11）

這檔的除息月份和國泰ESG永續高股息一樣，但投資配置則著重在台灣的半導體產業。

其中聯發科、台積電、聯電三家比重就佔了五成，其它則是晶圓、封測、探針卡、驅動IC等等。若說國泰ESG高股息是以下游硬體和部份金融股為主，那麼中信半導體ETF就是以上游廠商為成份股。上游半導體股票會因為產業變化而出現較大幅度的漲跌，但科技半導體產業仍是台灣最主力的產業，長期趨勢仍相當樂觀。

事實上，有很多類型的ETF沒有介紹到，我單就個人偏好的選擇來分析。我想想要季配息，彙整起來每個月都能領到息，又能持有各類不同產業的股票，投資上面介紹的四檔ETF現在相對是不差的機會點。

上面講的不用選，就像徐若萱的按摩椅廣告說的：「小孩子才作選擇；我全都要！」

不過，這類高股息ETF，還是有些操作面的概念。

以元大高股息0056為例子，如果買了十年，每年配息再投資，若買到五百六十張可以一年領一百萬的息，但重點是，如果像是疫情初期0056從29跌到23元，等於也像股票帳上重賠了三百多萬，那到我們退休年歲發生這樣的跌幅，一樣會感到不舒服，等於把十年的獲利一次賠光。

針對ETF的兩點建議：

1.年線以下買多一點，因為我們要的是配息，年線以上可以定量或減量投資，一有年線以下的機會時便抓緊加碼。

2.高殖利率股票同樣有週期性，當股價越來越高時，就減量

等機會，和買基金一樣的策略。

另外，除了台灣股市的**ETF**，其他市場是否有投資價值呢？有人問過我，**大陸市場若跌很多，會不會是個機會？去買中國相關的ETF呢？**這個對我來說沒有答案，很多人對自己熟悉的市場都可能抄底失敗，更何況我們不熟的市場。大方向上，中國的確還是大市場，即便是崩跌很多，未來的成長空間的確應該不小，但要投資需先做好功課，不是三言兩語就說的完。如果對該市場不夠熟悉，就可能在投資後遭遇更重的跌勢時我們抱不住，也不敢加持，漲上來可能也抱不久，失去存股獲利的目的。

知道哪裡會失敗，早早避開

接下來我要提到幾個股價很低、但還沒有被市場發現其真實價值的案例。在此之前，我希望投資人要非常清楚的了解：投資必需忍受股市沉浮，要天天過年、手上持股月月飆漲是不大可能的事。清楚的了解投資的價值，保有平靜的投資性格，絕對是必須的要件。

市場震盪幾乎不會一時半刻就結束，通常小崩跌後的反彈，

又會再跌又彈,甚至是大崩塌後萬念俱灰,永遠不知道何時這種輪迴會結束。

九等有個客戶好友,是個香港投資人,他曾經跟我講,作不好、看不懂市場時,就少作。九等很同意。投資又不是賭博,少年股神或主力,有銀彈也很有拚搏力,但有時覺得何必這麼累,硬要和市場賭氣。

知名的天才股票作手Jesse Livermore有一句名言:「機會是靠等來的。」任何投資也都有需要出場的時,這時就別忘了前英國首相邱吉爾的名言:「酒店關門時,我一定會離開」。

投資的靈活性對於個人投資是很彈性的,並沒有投資機構、外資法人那樣的受到許多買賣限制,只需要在乎自己的現金流問題就好。九等所述的價值型投資觀念,就是即便你覺得市場變動和干擾不斷,都不該影響到你正常的生活,要記住:「別人賺或虧多少,都不關自己的事。」不要過度受到外界的影響。

要想把持自己所有的財富智商,把投資時間拉長,很重要的是經常閱讀一些價值型投資人的書,來了解什麼是投資。有本值得推薦的書《窮查理的普通常識》,作者是查理·蒙格(Charlie Munger),他是一位成功的商人、投資家和慈善家,更是波克夏

公司（Berkshire Hathaway）的副主席，也是巴菲特（Warren Buffett）的長期合作夥伴。他的普通常識和價值投資哲學被廣泛的認為對投資者和企業家具有極大啟發。這本書雖然有點厚，但書中分享了他的人生經驗、思考方式和價值觀，對我來說，是一本值得閱讀的好書。

應多關注企業的失敗經驗

投資就像研究企業，除了研究其如何做強做大之外，更應該先了解企業過去是否曾經遭遇過失敗。我在研究南亞電路板公司時，發現該公司在2005～2006年間股價在一年不到的時間內，從不到30元拉漲了10倍以上，而我更關心的是其後股價反轉下跌的原因，接著思考在什麼條件下，這家公司有可能再度谷底翻揚，於是發現該公司股價絕對有很大的前景。所以當大部人關心如何在股市投資成功時，聰明的投資人應該先知道那裡會失敗。

如此一來，既然已經知道自己會失敗在什麼地方，除了不去碰觸那個點，還可能因此找到明確的投資目標。

話說2022年虎年的新年期間，雖然台灣的新聞整版、整時

段的在報導疫情，但國際上看的是北京的冬奧、美國公債殖利率不斷創高、油價漲不停（通常和現貨股市呈反向指標）⋯，還有最令市場擔憂的俄羅斯準備出兵攻打烏克蘭的事。

當時台灣有 12 名留學生在烏克蘭，我那時覺得他們應該都是為了找一個漂亮的女友或老婆去的（開玩笑的想法），然而，時局動盪，生命安全重要，當烏克蘭身陷危險時，你總不能還跑去那置產、投資！抄底者不好當，投資股市同理可解，危險的事，先不要做！

回顧 2022 年，情人節當天台股因俄烏恐將開戰而重挫，卻在 2 月 15 元宵節那天開高，更在收盤前大幅度跳水拉回。我想要說的是：多頭行情，很容易給人們帶來不好的觀念，好像投資變得很容易，會讓自己以為已經很了解投資的秘密，忽視了隨時會出現的風險。

老手都知道，要把投資的股票當作自己的事業，用心的去了解。投資股票真的不要像 7-11 一樣天天開店，適時的停看聽對身心靈很重要。

嘗試著做空避險，即使不容易

投資的初始定義，就已經決定了往後的作法。大部份人追求的是獲利，而我好多年前就決定加上兩個字：「穩定」獲利。

短期操作雖然不是九等喜歡的理論，但九等佛系價值型投資策略裡，一遇到空頭市場，不少交易也被迫修正，變的相對彈性。既然長期看多的股票，短時間內沒有好表現，建議就用一部份投資金額作交易型投資。

這準則有點需要自己主觀點，人人都可能做得到。技術面分析我不想多提，但有一種定義為「事件交易」（Event Trading），九等倒是想講兩句。

- 盯著你熟悉的公司、產業。
- 研究奇怪的大漲大跌有沒有理由？有沒有像一點樣的原因？
- 此番大漲大跌是否是新聞、題材、法說、營收等因素引起？
- 股價是否貴了？或是否已經很便宜？
- 最後，要在你的心裡明確的定義它：主軸是看多或看空？

重點是，**交易型投資必需要停利停損，然後開始有效率的執行。或者，在空頭事況不明時，不交易也是一種交易策略。**

我看過很多媒體報導或是我所認識的真正財富自由的人，他們最終都是要求穩定且持續的獲利。**投資多年後發現，有時候越不指望一夕致富，慢慢來，反而走的更快，賺到的錢越實在。**

我從來不想要透過內線、外線、同學在裡面的這種方式投資。我會這麼想：若是某一天已經沒有任何資源，我該如何投資獲利。所以，挑股票需要一些感覺、一些研究和投資態度，而如何佈建所選定的股票，也非常重要。

想獲利 需要多一點耐心

要想獲利需要一點耐心，我在自己撰寫的投資平台上提到過：大部份的投資人都只會做多，很少會反向做空。其實做空是能讓你在思考每個投資決策時反向想一下，有沒有什麼個股表現可能落後於大盤？作為一種避險措施，甚至在市場完全走向空頭時，也有另一條投資的道路可以選擇。

先提一下什麼是避險做空：避險做空（Hedging Short）是

一種投資策略，通常是透過賣空（Selling Short）期貨合約或股票等金融商品來保護投資人的投資方式。

避險做空的目的是要減少投資人因為市場波動而造成的損失，這種波動可能來自於政治不穩定、經濟環境改變、行業變化等因素。當投資人對某個市場或資產持有悲觀看法、認為其價格會下跌時，可以通過避險做空的方式進行投資，以減少損失。

避險做空通常需要對沖風險，因此需要投資人對市場有較好的了解和技術分析能力，才能做出正確的決策。此外，投資人還需要了解相關的風險因素，如價格波動風險、期限風險、信用風險等，以確保其風險管理策略的有效性。

不過，除非你已經經驗豐富，不然放空股票對多數人仍舊較為陌生。於是，我還是要多寫一些放空股票的執行面問題。

放空股票（short selling）是指出售自己並沒有持有的股票，以期望在未來股票價格下跌時再以更低的價格買進股票，從而獲取利潤的交易策略。

而這個執行過程，首先，投資者需借入股票（通常是從證券經紀商或其他持有該股票的投資者借入），現在各大券商的手機

交易平台都會有借券選項，當要「借券賣」時，券商有券庫存就能執行放空，若沒有券出借，軟體也會秀出無券的警示。

該注意的是，這和現股當沖交易不大一樣，有時因為無券可借，投資人想要當天賺取價差，選擇以現股直接放空賣出，等當天價格下跌後，再用現股買回。**我個人強烈建議不要使用現股當沖，無論是賣出或放空，你都必需當天當銷，一旦突發性漲停，你放空的股票沒有任何券源出借，恐會有極其可怕的虧損出現。**

我來詳細解釋一下什麼是做空股票，還有現股放空（現股當沖）、借券放空等各是什麼意思。

放空（Short Selling）是指投資者去跟券商借入自己沒有的股票，出售這些借入的股票，並希望在股價下跌後再買回。你可以把它想做你有這些股票（但實際上你沒有，所以你得去借股票），然後先做賣出，再買回相同數量的股票，還給借出方。這種交易策略基於預期股價將下跌，投資者可以從買賣時點的股票價差中獲利。

這過程也不是真的要你去路邊舉牌子說要借股票，或跑去號子問營業員，只要在你的手機交易軟體點「借券賣出」，平台就會秀出目前是否有人出借股票供你使用，若這檔股票在股東會

前、或有些證交所限制無法借券賣出的情況，軟體平台也會秀出無券出借的訊息，所以借券賣出的交易其實是很容易的，若還不清楚，可以請營業員幫忙交易。

若借得到券就可以借券放空，但有些情況下可能條件不足，例如：

1. 限制性股票：某些公司的股票可能受到限制，無法被借出用於放空交易。這些限制可能來自公司內部限制、法律法規或其他合約條款。

2. 低流通量股票：流通量指的是股票市場上可以自由交易的股票數量。對於流通量較低的股票，可能會因為股票供應相對較少而難以借券放空。

3. 停牌股票：當股票停牌時，交易暫停，這意味著該股票無法被借出進行放空交易。

4. 監管限制：市場或監管機構可能對某些股票實施特殊限制，導致這些股票無法進行借券放空。

當然，熱門借券股（大家都搶著放空的股票）也可能讓你沒

法借到券來做放空的操作。

現股當沖風險高 買賣都別隔夜

若沒有被監管限制或停牌等因素，只要還在開盤後有價格跳動的買價賣價，還有現股當沖（Day Trading）來放空，即使沒有任何券可以出借（這是指在「同一個交易日內」），投資者購買並出售同一公司的股票必需要在當天結束交易，不保留任何持股過夜。但我要慎重的叮嚀一遍：**現股當沖的風險很高，買出或放空都不能過夜，一旦突發性漲停，你放空的股票沒有任何券源出借，或你買了卻沒錢交割而必需當天賣掉，卻突發性跌停並鎖在跌停板而沒有任何買單要承接你的賣單，都可能會有極其可怕的虧損出現。**

回到借券放空的過程，順利的話，當你借券賣出隔天後，該股股票價格下跌，投資者再從市場上以更低的價格買回股票，並將申借的股票歸還給借出者。這樣，投資者就能從中獲利。

需要注意的是，若借券賣出後當天就想要回補，得是融資買進才行；相反的，若是融資買進想要當日沖銷，就得是借券賣出。真要是還不清楚，直接打給營業員幫你處理就好了。另外，當日

沖銷若非用現股，你可以請營業員幫你把這筆交易改成現股沖銷，因為交易成本會變低。

為什麼有避險做空的需要？

我有個實際的案例，讓一直不習慣做空避險的我，被迫了解做空避險的重要。

十多年來，我一直有服務不少追求獲利的 Alpha Capture 平台客戶，他們在全球各地找尋券商裡的業務或交易員，利用提供投資訊息的交易操作模式，搜集大數據資料，篩出績效最好的人所挑出的股票，進而在市場上投資。

Alpha Capture 平台是一種提供專業交易者和機構投資者之間交流和分享投資策略的線上平台，它通常由金融機構或技術公司建置，旨在促進交易者之間的信息共享和知識交流，以提高投資組合的回報率和風險管理。

有的平台對客戶要求非常嚴謹，績效不佳的就踢除。有的則用人海戰術，從上千個人裡找排名前幾名的股票，他們按績效付服務費用。然而要拿到錢不算容易，尤其是大筆服務費。

　　我比較認真服務的有四個全球知名的平台，包含 Marshall Wace 機構的 TOPS 平台、Two Signma 的 PICS、Point72 的 Cubist 和 Citadel 的 Alpha League。我的績效一直都很穩定且名列前矛，有時還排名第一，搞的我覺得似乎應該直接去買方的法人機構工作。其實投資服務並沒做什麼太大不了的事情，就只要想著如何保持穩定獲利而已。

　　我舉這幾個平台的經驗提供大家參考，其實也可以訓練自己如何找到操作盲點，還有什麼值得改進的投資觀念，而其中之一，就是做空避險。

　　有幾次單季的投資建議表現很好，為公司賺進幾百萬的服務費，雖然並沒進到我的口袋，但成就感相當大。

推薦個股精準 九等三奪平台獎金

　　有一個要求我服務的平台，每個月發給前 15 名推薦個股投資獲利最高的參與者每人 2500 美元支票，但要知道，全球被選中提供選股建議的業務或交易員超過 200 位，我便曾經創下連拿三次單月前 10 位排名的記錄。有一位平台客戶傳 Bloomberg（彭博資訊）平台上的訊息聯絡我，問我用什麼方式達到這樣的獲利

能力。

　　誠然，當時有一段時期台股表現極為強勢，操作運氣之神也剛好站在我這邊。由於每個平台大概服務三到六年且依仍存活著，我已經跳脫不是大好就是大壞的泥沼，讓自己能達到穩定獲利的能力，重要的是，不發生大虧損成為重中之重。

　　我所服務的一個最為嚴謹的平台客戶，每季度都會安排在台灣或香港會見這些被挑選的券商業務，嚴厲的檢視其在最近一季的投資推薦有什麼問題。報表詳細的記錄著每一筆進出及策略操作時的表現，有幾項我認為很受用的方法，雖然可能是我個人操作模式的缺點，但也可能是普遍所有人需要知道的事：

　　1.盡量不要作單邊，一定要貼近市場，思考投資目標多些敏感度來選擇多和空的標的。該平台要求所有做多的個股，都必需要有相對應避險做空的標的。有時大多頭或大空頭時，選股變的很痛苦，但同時也可避開突然回檔或股市跳升時只作單邊的風險。

　　2.在短時間操作中，除非有深入研究，要以價值型長期投資來設定；否則汰弱留強很重要，個股相對報酬率若比大盤弱，落後太多的就換股。

　　另外，若你的投資工具裡有夏普指數可作操考，可以把它當做一個投資指標。當我必需挑股票來追求獲利時，我會去看一下夏普指數量否為正數。

　　夏普指數（Sharpe ratio）是一種用於衡量投資組合風險與回報表現的指標，是美國經濟學家威廉・夏普（William F. Sharpe）在1966年提出的理論數值，是投資組合的超額收益與其波動率之比，以此來衡量投資組合的風險調整表現。

　　夏普指數常被投資者用來評估投資組合的風險與回報表現，指數越高代表投資組合所承擔的風險越小，表現越優秀，可用來代表我的報酬率高於波動風險；若為負數，代表操作風險大過於報酬。

　　所以，檢視每次的動態時，我會看我的夏普指數是否夠高，因為我不要持股波動性過度高。在市場極度不穩定時，我不追求在當下是報酬率數據最高的那位，但經過風險調整後，我的表現通常會是最好、且是相對穩定的。

　　結論，最好做些避險，在市場不佳甚至是大崩盤時，若手上持有過重比重的融資買進需要減碼。我記得這幾個Alpha Capture平台給我的經驗和提醒：買錯了可以先砍，等股價趨勢成長時，

再買都不遲。

訓練自己的投資，是賺價差還是賺配息？

　　我用幾個實際投資案例來說明一下，我是怎麼看到一些很有價值的投資標的。這些公司都是在股價很低時發現的，且在股價真正展開一波大走揚前，我就把投資觀察的重點，通通都發表在了我的九等平台上。為了避免讓這些案例看起來像是知道股價漲勢後才發表的「事後諸葛亮」的論調，我還是用當初在九等平台上的口吻，提供九粉們一個思考的方式，並說明我是怎麼發現這些公司的。

南電：看到從 30 元漲破 500 元以上的眼力

　　很多認識我的朋友都記得，當初我看好 ABF 載板市場時的瘋狂，要大家相信載板是個趨勢發展，是有多困難的事。尤其載板產業中，在台灣的供應商，老大是欣興（股票代碼：3037），投資人多半關注具領導地位的一哥，會看中二哥的偏少，更何況南電長時間經營狀況不佳，要扭轉投資市場的看法，相當困難。

　　我在2019年下半年開始研究南電，其間股價上下區間多在30～60間，每當市場大幅度下跌，且南電跌勢比大盤還要重時，我也難免會出現懷疑自己的時候。

　　ABF載板這個詞在2018～2019年間，經常出現在媒體報導上。概括來說，是因為電信業者開始要將4G通訊網路升級至5G，就是在全世界建立新的5G基站台。所以，我開始注意到ABF這個業界專用詞彙。當你發覺所有人都在講一件事，但這件事你卻還不知所以然時，就應該好好了解一下，這是否會是一項值得投資的機會。

　　更專業的個別產業名詞知識，只要善用Google，都會找到很多不錯的解釋，我會建議有些專業的產業知識不要使用ChatGPT，除非你已經完全知道正確答案，否則很容易被ChatGPT給誤導，它提供的一些專業的產業現況及解釋並不完全正確。

　　ABF是Ajinomoto Build-up film的縮寫，簡單的說就是加工製造所產出的一種印刷電路板。ABF載板的應用，是在隔開晶片載板裡面密密麻麻的線路，能絕緣且隔熱，避免線路的訊號交互影響而造成當機的危險。

　　不過，講這麼多，也不會令人聯想到ABF在5G網路運用上的重要性。其關鍵的重點是，一般伺服器、大型電訊設備的機站、電腦等都相當容易產生高溫，ABF載板的應用面都需要耐高溫且不會變型，然而它並不是什麼全新的技術，過去十多年在電腦市場上已趨成熟且供過於求，這回因為4G轉5G的技術迭代而出現新的需求，於是那些能夠生產ABF電路板的公司一時間便顯得炙手可熱。

5G 關聯領域 投資可優先關注

　　我在之前的篇章中曾經提到幾個會影響股價飆漲的關鍵因素，其中一項就是缺貨問題。隨著2018～2020年間5G通訊機站的全球佈建，我們在投資這個領域時最該關注的問題，就是ABF產能足不足以支應接下來的需求。

　　當我在相關公司的法說會上得知，一條全新ABF載板產線從下單購置機台並開始測試需要花上至少18個月時，我整個精神都來了。當然，投資者得不斷用更深層的思考反覆的詢問自己：為什麼要花那麼久的時間？ABF載板和傳統電路板有什麼差異？這樣的產品毛利率好嗎？有什麼應用產品會採用？現在最有發展潛力的載板公司，台灣的有哪些？國際競爭者多嗎？

當我花了幾周的時間找答案後，我發現了一些極其有趣，且市場並沒有太過認同的重點：

為什麼新產能開出需要花那麼久的時間：因為ABF載板產業已經消退十多年，設計製造機台的廠商都已轉型做別種新技術應用面的機具，下單訂購後，還得等這些供應商先把手上的訂單消化掉後才會開始打樣生產。如此一來，現有ABF載板廠現存的產能就十分重要。

ABF載板未來的優勢在哪：ABF有耐高溫的優點，尤其越來越多人工智能產品（像自動駕駛、自動機械）以及虛擬貨幣的挖礦風潮、伺服器需求等，ABD載板已經不像過去僅為單純的兩三層板，而是多達數十層板的堆疊，加上現在的處理器晶片設計越來越大片，中間的孔洞及電路線設計越來越複雜，不僅新進者難以進入，ABF的平均價格和利潤也水漲船高。當我發現這些「眉角」時，市場還對載板市場半信半疑，因為載板產業的獲利表現一直沒有展現出來，其中最主要的原因，是我所說的5G產業還僅在初期佈建階段，等到全球鋪設的火爆期屆臨，產能的供給將完全失序。

本書並不是要說明各種產業的狀況，而是要告訴讀者怎麼發現值得投資的目標，進而找到投資的理由，接著估計實質股票的

價值。

下面是我在南電漲股價從40～50元盤整快一年時間後，開始猛烈漲到100元時寫在九等平台的文章。在寫這篇投資觀察之前，我就經常在平台上寫些投資南電的看法，並說明我如何判斷股價很有機會漲到300元以上。

有人問我，為什麼你能在股價40～50元時，就評斷出南電的股價短時間至少會漲到100元以上？

其實，投資市場的分析師所做的工作就是評價一家公司實際價值到底應該是多少，一般會用未來12個月的獲利預估來評斷個股可能到達的價位，評斷的過程需要花一些時間來研究。在我認定ABF載板市場符合我所認定未來會缺貨的條件下，我作了一個簡易的財務模型表格，很簡易，你我他都會做。

我先Google了一下目前ABF載板在應用面多是用在哪些產品上？我發現PC最多，其次是網通產品，這兩項大約就佔了90%，其中，2018年時PC採用的ABF載板就佔了所有電子應用產品類的60～65%，當時市場開始因應5G網通規格的升級，將大幅增加ABF載板的使用量。

我們可以問自己幾個問題：

1.PC接下來會成長、衰退，還是保持穩定的量？我假設它會維持穩定的量，所以就不需要過度研究這個項目。

2.網通5G用的載板和PC用的有沒有不同？價格和毛利有差別嗎？我一研究下來發現，網通5G的ABF載板設計的層數，依高低階及應用層面不同，需要8～20層，高於PC的6～8層。不用問，用想的也知道層板越多，設計價格、成本及毛利會越高。

3.接著研究全球最重要的四家載板公司如欣興電子（3037 TT）、南亞電（8046 TT）、日本的Ibiden（4062 JT）、日本新光電工Shinko（6967 JT）目前的產能，和媒體或法說報告上所預估的產量，我得到一個最大的結論：「從2019年開始的之後三年，ABF載板即使產能開到最滿，也沒有辦法提供5G基地台預計年增率超過四成的成長需求」。不要忘了，一台5G網通設備的載板需要比PC高太多，簡單的說，同樣的一條產線，需要花更多的時間、製程來完成更複雜的載板。

2018年我還在關注南電時，它還是間賠錢的公司，當年每股稅後還賠0.8元，但2019年轉虧為盈每股賺了0.56元。我用我那極為簡單的財務模型表，把該公司過去幾年已知的營收、毛利

率和業外收入如實填上，再把我自己預期公司營收每年會增長超過20%的數字值估算上去，只要未來三年營收、毛利率都有增加，我發現南電在2021～2022年最少每股都有賺到10元以上的實力。

　　一家公司的股票每股能賺10塊錢，本益比用最樸實無華的10倍來估算，它的股票會漲不到100元嗎？我每次把該想的問題想過一遍，再仔細檢視公司揭露的前景預估後，做一個簡單的財務模型，算一下他們未來一兩年的獲利預期，用一個最低估算的數字來做評價，很快就能看到它未來的股票價值。

　　根據南電的財報，2020年它的營收成長35%、每股盈餘16.7元，2021年營收成長23.8%、每股盈餘30.1元。隨著2022年整體ABF載板產能增加，產品單價及毛利率也略微下滑，但該年度每股盈餘也還有27.8元。而股市就是這樣，沒有更激情的表現，即使你的獲利能力也還好，投資人卻還是不買單，股價便難以持續創高。

沙裡淘金 南電股價表現亮眼

事實上，南電在2021年12月初，一度拉高到601元，這整整比我原先預期從30～40元漲到100元，然後再估300元還足足多了好幾倍。朋友戲稱我是未來人，很多人問我為什麼當初能在垃圾堆裡找到這樣的飆股。

另外一個有趣的題外話是，南電原本的發言人在股價漲到高點時選擇退休，我們都笑說：「他應該是賺飽了。」

下圖為南電從2005年到2023年的股價走勢圖表，我當時的研究就在求證一個可能會發生的事實，若南電的電路載板和2005一樣的缺貨，能從虧損成長到獲利，那股價是否也能從30元起漲？

2020年7月30日，我在九等平台上面寫著：

南電（8046），今天股價漲到了100元。

這是2019年5～6月間一直提到的股票。而在我座位後面的白板上，我用黑色的白板筆標記上我的投資預言：2019年6月27日，40元會致少漲到100元。

南電（8046）股價走勢圖

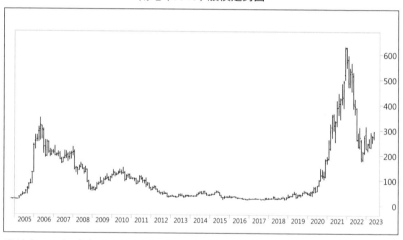

資料來源：彭博資訊

到300元？

然而，這波達陣僅花了一年時間。

朋友問：「然後勒？」

我說：「其實我想寫300元，只是當時寫100元都被笑神經，寫300元肯定會被認為是神棍。」

然而，在我寫這段話的當下，怎麼也沒有預料到事隔一年多，南電不僅漲過了300元，而且達到600元的歷史最高價位。

準確的估值 是不可或缺的投資起點

我想到投資書裡提到的那句話：準確的估計實質價值，是不可或缺的起點。

300元的價值會不會達到，我沒有太大把握，但以古鑑今的評價來看，南電不是沒可能漲到300元，2005年也是從50元不到，旱地拔蔥式的一年內穿雲，漲到不要不要的。我在九等觀察裡一直提到南電會漲到不要不要的，不知道有沒有人發現。

讓我說明一下估計實質價值的方式。

回顧2005年，當時是家用電腦很火熱的年代，產業只看微軟、英特爾。在那些所謂的WinTel霸主時期，投資界都會盯著看每一季出的RoadMap要推什麼平台。由於微軟、英特爾掌握所有產業能量，電腦裡承載處理器的載板是很重要的零件之一。英特爾當時要台灣和日本載板業大量擴產，載板廠Ibiden、欣興、南電都傻傻的一頭熱的投入。

但擴產太多，電腦市場卻開始走向灰暗時代，多出來的產能幾乎填不滿，加上手持應式用電子設備變多，輕薄適用的BT載板變的較為重要，原本用在耐熱、較厚的ABF載板完全供過於求，全球各家ABF載板廠的營收都變得很慘，並一慘就慘了十多年；直到2018～2019年，市場開始有些新應用在萌芽，新晶片設計及5G基站的需求升溫，這時市場才意識到早就沒人在擴產的ABF板，需求開始變的吃緊。

但為什麼我說股價很可能複製2005的爆漲，或更甚於當年呢？

載板廠在15年前「燙傷」過一次，變的很膽小，沒人敢像當年一樣沒命的擴產，而載板製程設計難度加深，進入門檻變高，5G、車用電子、AI等晶片需求又急切，生產ABF載板的良率低，時間也長，這種產能吃緊的程度並不是幾句話能解釋清楚的。

當未來兩三年需求量會增加，全球卻沒幾家ABF載板廠，那麼，這幾家廠商是不是很有可能會複製2005年的漲勢。

現在覺得有道理是因為股價漲了，但去年更很多人還不信這個產業能復活，也笑我老是愛推些「不動明王」。南電如今漲到100元，不管它未來會不會往上竄飛到更高，至少看對載板業的

走勢，值得開心。

看到這裡，連我自己都不免覺得我是預言家啦！不過，在寫這篇投資觀察時也有發生過一件印象深刻的事情：當時我發給海外投資客戶的英文信，寫著南電正如我所言，直奔百元，並附上過去幾個月來為何推薦南電的理由。一位投資人回信給我，說你沒有比我了解南電，南電講的事能信？

我沒回應。因為事實證明，南電不僅漲到百元，甚至達六百元之譜。他應該沒有搞懂這家公司。

威鋒：IPO 就盯上，難得一見的機會

我在 2021 年 1 月開始研究威鋒，這是一家做終端產品（像手機、平板電腦、筆記型電腦、遊戲主機等）和擴充線材套件裡的 IC 晶片的公司。

觀注到威鋒是一個偶然的機會，後來發現它的直系血親裡，有宏達電、威盛這兩家爸媽公司存在，雖然不少資深投資人對其印象不佳，但我說過，投資不要有刻板印象，如果值得投資，就應當作好準備。

老實說，威鋒的確曾令九等地投資獲得絕佳的報酬，但市場反轉的速度極快，漲幅驚人，跌幅也嚇人，作好風險控管，守得住才是重點。接下來要提供個人「從發現到研究、並理解它」的投資邏輯的觀念，給投資九粉們一個方向，未來也好再度找出另一支飆股。

2021年1月，我在九等平台上面寫著：

威鋒有富媽，首篇研究第一彈：HTC's VR高傳輸關鍵，威鋒當作好準備。

如果有人說：祥碩（5269）在USB主控端晶片上因為有了華碩奧援才能成功，那就別忽視了另一家「擁有傳統處理器晶片研發經驗的威鋒（6756）在USB集線器上的發展潛力。」

企業也渴望有富爸富媽

所以，祥碩有富爸，威鋒有富媽。

九等之所以開始了解這家公司在做些什麼，其實是因為不小心抽到一張威鋒股票，那時我還有點不屑的心想：「這是什麼東

東？」。

一番研究下來，加上九等的小童籃球校隊隊友同學的爸爸曾在祥碩待過，偶爾閒聊會提到祥碩，因而對其早有了一些認識。投資最重要的事，就是把技術面搞懂，之後市場面的狀況就更好掌握了，你要獲利的機會就大上了許多。

市場上的產品越做越有設計感，我發現用在蘋果電腦MacBook上的USB擴充線材，不少都是搭載著威鋒晶片VL817。

稍微介紹一下威鋒的產品線，還有產業研究的邏輯思考方式，這部份分為公司是做什麼樣的產品？市場上有什麼直接的競爭者？為什麼這產品有未來性？以及威鋒憑哪點有成長潛力？

威鋒主要產品線，營收近6成是USB集線器控制晶片、2成左右是PD（Power Delivery）充電控制晶片，其餘的則是一些主控端（Host）晶片。

有人說，威鋒是少數在USB集線器控制IC領域能和祥碩匹敵的供應商。這話我認為只說對了一半。祥碩主軸其實在「主控端」晶片，也就是在主機板端的晶片，他們掌握了實體（PHY）研發平台方向，加上有富爸爸華碩在硬體產能上的帶路，華碩要

作什麼樣的產品，祥碩早早的就能在時程掌握上搶得先機。

而威鋒的主軸則鎖定在「USB集線器」控制IC，你或許會問，這種周邊的東西有何讓人感到興奮的？你不妨看看2015年蘋果MacBook系列設計的趨勢，它把輸出入介面導入Type-C，剩一兩個介面孔是不足以滿足使用者需求的，複雜的傳輸要做得好，且要跟得上產品發表的時機（Time to the market），周邊零件業者的功力，其實沒有想像中的容易。

大廠出的任何產品，像電腦、遊戲機、電視、手機、影像輸出等，都在市場上變得非常的搶手，週邊的產品IC設計廠商就得做出好用、頂得住快速傳輸需求的相應組件。

順便提一下，Type-C目前主流傳輸以USB 3.1/3.2為主，USB 2轉到USB 3花了八年時間，打從2013年首代USB 3.1出現後九年多了，2022～2024理當是更高速度飛航的開始，USB 4的傳輸量將可達到每秒40Gb，據了解威鋒已經完成布局。

你或許又想再問多一點，威鋒憑哪點有成長潛力？

就像我講的，祥碩有富爸華碩，威鋒也有富媽威盛、宏達電。威鋒的研發經驗完全是延續威盛過去作過處理器的效益，資金上

有威盛、宏達電等奧援，經驗上搶佔高速集線器先機，它絕對有能力。

先別看壞宏達電幾年來一直像「扶不起的阿斗」似的虛擬應用產品VIVA，它是在等一個高速傳輸時代的來臨。祥碩因為華碩而能在電腦主機主控端有發展，而威鋒則為未來的VR環境做好了準備。

最後來說明一下股價的變化。

威鋒股價走勢圖

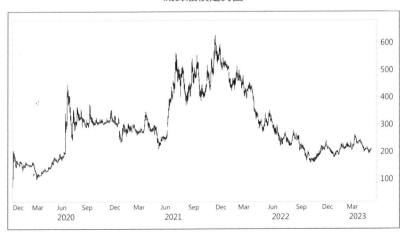

資料來源：彭博資訊

　　在我撰寫威鋒的時間點，股價約200元左右，其在IPO股票正式從新櫃轉上市櫃時所公佈的獲利數字，2018和2019年各僅賺得每股1.95和3.8元，當時2020年還未公佈獲利數字，但許多投資人對於我所看重的觀點都不甚認同，以當時股價已經在250元左右價位，若用　史獲利估算當時的本益比（EPS, Earning Per Share）已高達66～130倍，是人都覺得偏高了。

　　但我著眼於Type-C的前景和公司的獨特性，並估計在產業升級規格的情況下，只要公司營收規模加大，獲利數字將會等比式的躍升，而非1元2元的增加。當時我用祥碩的例子說服投資市場，祥碩起步較早，2018年每股盈餘僅有15.8元，2019年小幅增加到16元，但2020年終端消費電子業因為疫情關係，在家工作、上課所引發的需求量增，2020年EPS直接跳增到39元，這代表威鋒跟著浪潮走，也有很大的機會。

　　回過來看威鋒，2020年EPS從3.8元增加到5.03元，2021年倍增到12.01元。是不是和我之前預測的一樣？

　　投資股票是買未來，而不是買過去。相同的，2022年後疫情導致需求開始下滑，我們也該有所警覺。威鋒2022年EPS下滑到10元，股價早就在2021年11月底見高後就往下修正，最高曾到625元高位。我無法預測未來股價是否能回到這樣高峰的水

準，但投資機會時時存在，只要我了解一家公司夠徹底，機會來時，一定會全力出擊。

接下來談一些我在網路平台上沒有提過的事。我曾在威鋒股價幾乎攀登歷史高點的624元時全部賣掉，不要問我為什麼這神，當時單純是覺得每天跳空就大漲，一時間突然有種怎麼可能天天過年的感覺，就任性的賣了。然後在其股價下探400多時又開始慢慢接回來，沒想到卻變成長期套房交易啦！即使後頭獲利回吐了相當多，但威鋒仍能作為我經典價值型投資的案例。

中砂： 冷門分析，耐心等待

投資前稍微研究一下就能感到興奮，且讓人感覺到這就是未來會發生的趨勢時，就耐著性子作好分析，並耐心的等待吧！

引述眾多投資哲理中我最喜歡的一句話：

投資要可靠且成功，準確估計實質價值是不可或缺的起點。如果做不到這點，想要持續成功的希望只會是希望而已。（The most important thing is .... Value; For investing to be reliably successful, an accurate estimate of intrinsic value is the indispensable starting point. Without it, any hope for consistent success as an investor is just that: hope. （出處：《投資最重要的事》）

過去幾年我實際推薦不少公司，多半屬於長期投資，只要有能力把實質的價值算出來，即使這些公司還不是市場目前關注的主流，絕大部份最終能都還是能朝向我估計的價值挺進，只是多半要有點耐心。

當股票不反應時，你必須有足夠的耐心，給自己足夠的時間，你要的不是短線暴利，而是長線的穩定報酬。

「耐心等待時機」是催眠自己必要的一句話。市場不是一部樂於助人的機器，不會因為你需要高報酬，就立即給你錢。

2020年6月，我在九等平台上提到一檔極為冷門的公司：中國砂輪，聽起來好像傳統產業，但它卻是一家和半導體晶圓代工產業有著極大關聯的公司，我認真的好好研究了一番，發現這是家價值被低估的公司。

要看到一個投資機會的要項，必需有幾個步驟：「了解公司的歷史」、「產品及市況」，最後，反覆問自己「為什麼認為它的價值被低估」。

下面是我寫的觀察心得：（發表於【九等喜歡】：從磨豆漿做到磨晶圓片／2020年6月／精選研究／Kinik中國砂輪）

當時股價僅有60元，在上下盤游足足一年多的時間，連我都懷疑自己的看法是否有什麼問題！但大概一年半的時間後，市場終於發酵了我所提的所有觀察，2022下半年中砂股價突然拉上到169元；即使在撰寫這本書的時候，股價已有所修正，但也維時在120左右。

當然，常有人會笑我看太早，但也在股價飛彈後稱我是未來人。我再重複講一遍：**耐心等待時機是一句催眠自己必要的話**。市場不是一部樂於助人的機器，不會只因為你需要高報酬，就立即給你錢。我所遇到過真正獲得大筆資本利得的長期投資者，他們經常是很有耐心的。

今天【九等喜歡】要講的是中砂1560 TT，即使近兩個月股價微微回溫，但仍然還有很大的上漲空間。我知道中砂很久了，只是一直懵懵懂懂，今年4月底才認真研究一下、也看了公司幾回。

在了解其過去、現在與未來後，我發現當時股價極度失真（即使也曾經反彈將近2成），但其價值還遠高於股價。雖然市場

了解它的價值還需要時間醞釀，但應該不會太久，很多現實的成果已經在浮現了。

這是一家從傳統砂輪到切入晶圓產業的公司，我用白話文介紹這公司，然後告訴你結論是什麼，至於你喜不喜歡，就看個人囉！

陶瓷起家 中砂因鑽石碟高歌猛進

中砂從陶瓷重鎮新北市鶯歌起家，其前身是1941年創立的金敏窯業所，起初生產磚和瓦，1953年才開始以「瓷質燒結法」生產砂輪及磨石，1964年改組為中國砂輪，1997年延攬原本在工研院材料所任職的工業鑽石專家宋健民博士，成功的開發出用於研磨半導體矽晶圓的鑽石碟，直到2000年獲台積電認證採用，從此便一路成長。

所以說它從磨豆漿做到磨晶圓片，一點也不為過。現在晶圓代工的製程愈漸複雜，對鑽石碟的依賴也越來越深。

中砂三個事業部包刮：

- 用在機械設備上的「傳統砂輪磨具」
- 用在晶圓廠製程裡的「鑽石碟片」
- 晶圓廠裡必要的「再生晶圓片」

九等喜歡中砂的理由包括：營收在成長、高毛利事業增加、虧損部門將轉正、市值（market cap）準備回到3億美元，這時市值變大，流通性及交易熱度也會變大，國際投資人的觀注度也將會增加。

而台積電及美光（Micron）是中砂的重點客戶，這些都是會成長的公司，雖然在2018～2019年間擴廠與併購花了不少錢，但接下來成本費用會降低，獲利成長會開始拉動評價。

中砂的家族及經理人總持股超過五成，流通在外股數不多，雖然流通率偏低，但只要市場開始注意，它的交易量就會增加。中砂家族鮮少申報轉賣，賣方不多，有買盤時股價就容易向上衝。

【重點觀察】

中砂在高端寡佔的鑽石碟事業裡競爭者少，且台積電3奈米製程全面啟動後，其在中砂的鑽石碟事業線所佔的比重將會超過原本佔比最高的美商3M，加上中砂的再生晶圓新廠量產（2020年第二季左右），營收成長已經開始有感覺，第三季產能會再翻倍，2020年傳統「砂輪事業虧損縮小」，換言之，當年的整體獲利將會增加。

中砂2016～2023股價走勢圖

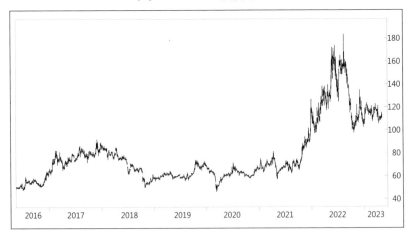

資料來源：彭博資訊

　　和南電的案例一樣，要估算它未來股價能否強升，以古鑑今對它有實際的意義。我把中砂的營收、獲利和股價作比較，會逐漸的很有感覺，明確的察覺到公司一旦出現什麼樣的相關數據，股價會有什麼樣的相應變化。

　　中砂在2016到2020年間有營運向上與向下的兩個週期：2016～2017的營收、毛利率、獲利向上，但2017～2019則因為併購泰國砂輪廠、擴建竹南再生晶圓廠讓費用增加，毛利率和獲利向下。所以，當年覺得其年成長可期，用本益比來估算實際價值就顯得十分有意義。

【當年的預估】

　　2019年將是中砂的營運谷底，而2020～2021許多面向全轉上。這情形和2016～2017年很像，採用當時的 PE 12.5～17.5x 來估算，2020年合理的價格應該落在59～82.6元間；而2021年隨著獲利成長，合理價格應該會落在65～94元間。因為在相當賺錢的2017年，該公司本益比甚至拉高到18x以上。

　　接下來，我要教大家怎麼把合理股價推算出來。

　　在我撰寫前述的觀察文章時，中砂的股價約為每股新台幣58元左右。我要表達的是，彭博資訊上所顯示的市場估計，中砂在2020年及2021年獲利數字有機會為每股4.72元及5.22元，所以我分析未來兩年中砂的實際股票價格應該用每股獲利乘以合理的本益比，例如上述所說的，2020年若EPS達到4.72元，合理股價應該是4.72元 x 12.5～17.5= 59～82.6元；2021年若EPS達到5.22元，合理的股價就有機會達到5.22元 x 12.5～18= 65.25～93.96元。

　　所以，如果這時股價只有58元，那我們是否可以預期未來中砂的股價會漲，且下探的風險並不高呢？事實證明，2020年中砂的股價最高漲到70元，2021年漲到80元。隨著我上述所提到中砂和台積電的合作關係逐漸成型，預期的獲利表現，讓中砂在2022年股價一度漲到180元，足足是我寫那篇觀察分析時的三倍。

　　或許你會說「股價兩年半才解脫」，但若你有足夠的耐心，配合著敏銳的觀察力，不到三年讓你財富翻三倍，會很久嗎？中砂在幾次現金配息後，2023年的股價仍然站穩在110元區間。

　　若你還想更深入了解，或想自己建立一個中砂的財務模型來研究，歡迎來和我討論。再次懇切的建議：深入了解標的公司，

風吹草動與雜音才能忍受得住，享受未來甜美的果實。

中砂近年的獲利表現：

2016年營收41.28億元，毛利率29.1%，EPS NT$3.73

2017年營收45.25億元，毛利率33.8%，EPS NT$5.14

2018年營收51.33億元，毛利率29.5%，EPS NT$4.82

2019年營收48.68億元，毛利率29.3%，EPS NT$3.69

2020年營收54.57億元，毛利率30.9%，EPS NT$4.72（彭博資訊估）

2021年營收59.14億元，毛利率32%，EPS NT$5.22（市場估）

什麼是再生或測試晶圓？

晶圓片分成兩種：production wafer & testing wafer

・**Production wafer**，是正式量產時所使用的晶圓。

・**Testing wafer** 是中砂的主力業務之一，用在新廠擴產驗機時，需要測試晶圓，在R&D在執行良率改善時，也需要測試晶圓，而在產線供應需要作流量控制時，也需要大量的測試晶圓代替。

量產晶圓和測試晶圓最大的差別，是將測試晶圓上面簡單製程的材料去除，再拿來重新使用，所以就有了再生晶圓這個商業模式，中砂是在2002開始做測試晶圓的。

2020年，我曾經把下列研究PO上【九等觀察】，將之摘錄出來給九粉們參酌一下：

中砂的三個主要事業：

1.傳統砂輪事業：

專營氧化鋁和碳化矽的傳統砂輪加工，主要客戶有上銀、中鋼，以前單月營收約有1億多元，現在只有7千多萬，平均毛利率約12%，目前是虧錢的。因為工具機業的需求在這部份佔比20%，緣於中美貿易摩擦的因素，原本全年能獲利5000多萬，但去年卻虧損4000多萬。不過，今年第一季僅小虧150萬，第二季接近損平，即使小虧也會比第一季少。今年希望達到損益兩

平。

2.1999 年成立的鑽石事業部：

鑽石碟用於半導體化學機械研磨製程，藉由修整研磨墊來達到需求移除率及平坦度。

本事業體一個季度營收約可達 3～4 億。2020 會較 2019 年增加。台積電的供貨商一直都有兩家，5 奈米製程裡，競爭對手 3M 佔比約 55%，但 3 奈米中砂的佔比提升，有把握拉到 70%。中砂在台積電的整體佔比下半年會開始比 3M 高。

鑽石碟的還有另一個重要客戶美光。它們 2019 改變策略，在新加坡的 Fab 有 co-op 的計畫，兩個製程已經採用中砂的，所以今年估計會再成長 10%，若用整年的角度，2021 年應該會是一個好年。

鑽石碟的全球市佔最高的是 3M（30%），第二是中砂（25%），日本是 20%。其行業特性是進入障礙很高，每一片的晶圓產出都要這個這一個製程，新進入者很難切入，是標準的寡佔市場。

中砂鑽石碟的第一季單月產值約 1.2 億元（毛利率 38%），第

二季台積電切入新的世代，產值約 1.3～1.4 億，第三季新冠疫情減緩時，每月應該會有 1.4～1.5 億元左右，第四季每月有機會在 1.5 元以上，其中台積電就佔了一半以上。

3. 晶圓事業部：

12 吋每個月出貨量約 18 萬片（目前產線有三條，產能分別為 6 萬、6 萬和 9 萬片），但都已經 20 年，為永續經營，竹南再蓋一座新場，2020 年 4 月已經開始量產。

再生晶圓也有用在 3D NAND Flash 生產線上，一般矽晶圓製程使用到 700 毫米以下就不能再回收，但 3D NAND Flash 這立基型可以容許到 620 毫米，所以中砂可以把晶圓代工廠淘汰的 680-700 毫米厚度的晶圓低價買回再生。

因為竹南新廠可以做到台積電 3nm 製程的設計要求，中砂又在價格上有優勢，別人做不來。竹南廠第一季已經開始小量出貨，4～5 月產出量增加，目前單月產能 4.5 萬片，第三季單月產能就能拉到 9 萬片，但因為折舊費用高，需要更好的經濟規模量。

你可能會覺得這些都是歷史故事，但投資行為中以古鑑今很重要。這檔九等也是有投資獲利，雖然過程真的有點久，但當市

場開始湧動你所發現的資訊，你不僅馬上就能知道原因，也可以立即做出反應。

怎麼看待馬路消息？以營收爆衝的常埕為例

寫這個案例時我有點猶豫，畢竟是自己好朋友的實際例子。一般正常的基本面研究都可能虧錢，那我們該如何面對看似有把握的內線消息呢？我希望好朋友可以賺到大錢，只是當我研究這家公司後決定不投資，因為說服不了自己的投資觀念。我這職業級的證券分析師還是該對一些事有所堅持，對看似能夠賺錢內線的消息，九等一向小心謹慎，畢竟我可能是那個環外好幾圈才得到訊息的人。

2022年上半年度，朋友跟我講了一家公司「常埕」。有意思的是，公司做什麼的？為什麼要看他們？理由是什麼？基本不大清楚，不過因為股價沒一會兒功夫就漲到近百元，勢頭上，他們得到更新的報牌指令會再漲一倍，這令他們相當興奮，決心全力以赴。

不過，九等鮮少聽信馬路消息，基本上也沒什麼內線運氣，為了走一條相對穩健的投資方式，對內線、外線、蚵仔麵線一向

不太有興趣。所以，我沒有被內線和漲勢凌厲給吸引住，我本著想認識這公司的價值做研究，至少在我認同的價值型投資下，即便是漲是跌，我得知道為什麼才行。

我查找了常埕在市場上的媒體報導，得知公司屬於網通相關產業，由於這家公司有很多詭異的元素存在，著實引起我的注意。

當時的我認為，2022 年是疫情尾聲及美國聯準會大幅升息期間，全球股市表現都很差，過去關注度高的公司，將很難賺到錢；反而有不少籌碼乾淨、容易讓市場大戶上下其手的「妖股」出現，拿來認識認識也是種趣味。

常埕營收暴衝拉抬股價走勢示意圖

資料來源：彭博資訊

　　這家公司最特別之處，是經常性每月營業額僅1000萬～2000萬元，但卻從4月後，爆衝到單月2億台幣左右，這也是股價受到激勵爆衝的主因，只是營收膨脹數倍該怎麼解釋？對專業分析師來看，營收成長是好事，問題在於「如何持續下去？」

　　我在九等平台上寫過這個故事：記得一年多前股價近百元，朋友告知掌握公司營業收入將有更大幅度的增長，事過一年後，股價從百元跌至40多元，前陣子九嫂告知我，她也是常埕的小股東，我開玩笑的說，反正妳買我推薦的股票都是零股，虧一點小錢OK啦。但九嫂深吸了一口氣後說道：「這回是以『張』計算的！」聞言讓我啞然失笑，印證了多數人喜愛捨近求遠，總認為街坊的訊息，肯定比我這個職業級別的「江湖術士」來得香。

　　以下是當時我的研究，看完後應該會知道，未來遇到風險投資時，如何把關鍵要點理解的更清楚一些，我期待這公司的股價能漲回來，能夠讓所有朋友回本。

九等觀察：奇怪！（2022年6月在【九等觀察】平台的文章）

　　一對夫妻檔朋友，媽媽也是股市高手，之前有次餐敘時跟我說到常埕，但公司太小，也搞不清楚原由，我對內線不大會持有，

或許是自視甚高吧。

後來，常埕沒兩個月時間就漲到98元，尤其以近期股市波動的情況來看，這種漲幅相當驚人。周末吃飯時他又跟我說，接下來可能會有缺料問題，缺什麼料，他也不清楚。

這家常埕是間網通公司，對照的公司有點像中磊、合勤等，所以我想就先研究看看。

經過我的研究，大戶的進出都在福邦證券，這券商有意思，也很特別，因為券商老董跟許多公司的老闆都熟識，時常看到主力或公司派在這裡下單。

我查了一下常埕近期的買量，基本上都是在福邦證券，而這大戶手上還有不少張。所以福邦這個買賣的點，可視為是風向球。

我發現，大戶在四月營收公佈前就已經在佈局，五月營收公佈前更是再度大買。而統一證券在期間有出報告。

這裡提供一些觀察給大家，很多本土券商的報告，經常都是為了讓內部自營部門買賣而寫的，為了師出有名，或是知道常埕

公司運營資料的人走漏了些什麼，統一證券於是也跑來了解一番，這報告在5/31發出，就這麼剛好。

而沒兩天，網路金融媒體平台CMoney也出了篇相當正面的報導，就在那天早上，那位固定在福邦證券下單的大戶，同時間也買了六百多張。

回歸基本面的觀察，來看看常埕營收爆增的可能性。

常埕的規模很小，感覺像四處在接些小案子，營收爆衝的現象是異常的。在我還沒看到任何新聞前，我先盲測探詢網通業內朋友的想法，他們說有兩個可能原因：

跟著上游網通IC晶片商取得訂單。很可能是IC晶片商在別家硬體組裝廠找不夠產能，找上常埕這小公司做，營收一下子就爆衝了。

第二種可能，即是市場的通路商或通訊運營商的訂單。若是通路商為了衝量，找小的網通製造商來組裝modem、Router等機上盒價格較低，找上了常埕來做是有可能的。若是通訊運營商（像中華電信這類），那先前應該有和常埕做過生意，而這回訂單下得夠意思，要給常埕多點業績。

　　只是我覺得很怪，常埕做了什麼事讓他們如此動作？九等的懷疑都只是個人觀察，每家公司做生意自然都期待能有一些突破性的成長。

　　接著，我爬文看到新聞寫他們4月接到墨西哥電信營運商Telmex下單，第三季還有另一波訂單，而「已知在手訂單，就有20億元。」

　　所以，我得到一個結論，這個20億元是關鍵，也是未來股價成敗的重點。

　　他們以前的月營收很不穩定，有時2000萬～3000萬、5000萬，甚至也出現過不到1000萬的營收。要不是朋友提到這街邊消息，我還真不會去關注這種公司。而這種有營收題材出現的公司，通常也是主力上下其手、容易成為妖股的公司。跟著消息面搶進的投資人沒賺到錢，也不會是太意外的事。

　　九等認為，這類公司是需要小心的。之前這些跟著主力做多、搭上技術線型畫出來的順風車是幸運的，但營收轉速太快，為什麼過去一直都只有幾千萬，突然一個月跳到兩億多，這絕對是正常投資人都會問的問題。

所以，該怎麼去作觀察？

4月2.4億元、5月2.24億元，6月、7月應該也要有2億多，但就街坊鄰居的馬路消息來看，上游網通晶片有缺料問題，那表示像常埋這樣的組裝廠也出不了貨，可能讓營收下滑，下滑的幅度會有多少將是關鍵。依照產業的邏輯，若客戶給你訂單，但你卻生產不出來，未來將如何面對其它競爭者的搶單？營收能持續嗎？還能保有客戶的信任度嗎？凡此種種都會使市場存疑，公司所謂的樂觀預見可能也將涓滴般的消散了。

以前看過太多小公司也有同樣狀況，在一線大廠缺料時突然上演營收及股價爆衝，但後期降溫的速度也快的嚇人。

消息告訴你別擔心，也許只是個手段。

股市有消息說不用擔心，之後會再漲一大波，有時並不見得是好事，可能是主力還沒賣完，要讓市場知道這缺料是短暫的事情，讓散戶不會瘋狂的殺出。

此外，該公司的融資餘額高得嚇人（有很多軟體如籌碼K線等，都可以查到個股當時的融資餘額狀況），而六月開始開始從八千多張降低到七千多張，顯見已經逐漸有人開始出貨。融資

高，好的方面是大家看好它的前景，樂於用融資睹它沒問題；但壞處是反轉向下時，高融資比重的公司會被越倒（貨）越快。

這間這麼小的公司融資這麼高，顯然是有特定人士在買，拉得高，他才能出得順，尤其成本看來都在 40～60 間，倒下去對這些主力來說還有不錯的獲利，但高點進場的散戶們可能就會受傷了。

2023 年在我寫書的這個時間點，常埋的股價最低跌到 40 元，朋友告訴我，消息來源說第二季的營收會不好，但未來 7 月會反轉直上。我期待是真的，朋友全家人都因為這個馬路消息股而資金卡關很久。總之，因著馬路消息做投資，必需要像之前章節建議的方式，若你真的懶到不想研究也堅持對消息來源的信念，至少設好停損點，因為這不是長期性的價值型投資範疇，一切要謹慎小心。

宏達電：曾經高光 後市還有可期

我不知道該不該舉這個例子，因為這家公司的投資爭議度很大。但回頭想想，早前被動元件、航運類股不都曾經被鄙視過，後來還不是出現過足以稱霸武林的高光時刻。

　　我想講的公司是宏達電（2498），我大學最好的同學已經不離不棄的在這家公司待了二十年，公司股價曾衝到天堂，也曾經下過地獄，不少人聽到宏達電的名字，都很不以為然。

　　不過，我本著投資的心態和經驗，仔細端詳投資它的可行性，至少我在這公司的身上是賺到過錢的。寫這本書時，我足足向外資客戶提了宏達電一年半的時間，講到我都有點像他們官方的發言人了，不斷闡述這家公司潛在上漲的可能。

　　宏達電的股價上下震盪過非常多次，低谷期曾經跌到40元左右。然而，九等認為佛系投資是最好的對待方式，因為我知道元宇宙的商機需要時間，而這種可入手投資、價位很平民的股票，我們該看的是它未來的價值，現在的價格當然就越低越好啦。

　　投資都需要些分析，未來九粉在找尋任何投資機會時，都會發揮這樣的研究精神。即便這次的投資失敗收場，但也要弄明白其中的關鍵因素，最不該的是什麼都不知道，漲和跌像參加賭局一樣的迷惘。

　　宏達電的董事長王雪紅總共有值得提及的三大事業，除了**宏達電**之外，就是她的先生陳文琦所掌握的**威盛2388**、**威鋒**

6756。威盛的營收表現亮眼，市場看重的是他們在工業自動化領域的專案多，加上攻克不少車用電子晶片產品市場。在威字營裡（突然想到李連杰主演的《投名狀》裡的山字營，電影裡有這麼一句對白：龐青雲，你字鹿山，就叫「山字營」吧！），近幾年威盛、威鋒都曾表現不凡，也被列入過國家認證的注意股。

九等覺得，在2023年疫情後的眾多科技類股中，要尋找未來具有超額報酬能量的股票，宏達電也許會是其一，即便虛擬實境產業還有一段長路要走。

因為股價上下盪鞦韆，時間拖長也會令人失去耐心，我一直建議佈建價值型投資不能用融資，要以存股心態來看。

九嫂每次都說，宏達電漲了你為什麼不賣啊？**之前九等提到帳戶分類法，把一些短期交易型的股票放在一起，而長期價值型股票放另一個帳戶，因為人們總會因為心理壓力，而不斷在漲跌震盪時作出無意義的行為。**

不少價值型股票的未來性很大，只是漲勢凌厲的時間點很難拿捏。我這幾年寫了多家深度研究的股票，例如南電、中砂、元太等，回頭來看，那段沒太多市場報告加持的歲月，都是在獨自說書，而那段時間的股價，也通常令人無奈，但最後呢？都飛上

了天，多美好。

　　資金需要累積，抱著價值型股票等股價發威需要極度的耐心，也考驗人性。我們經常一股腦買了一狗票超出自己耐震範圍的股票，若使用槓桿操作，通常都很難有超額利潤。

轉型軟體介面平台 未來對標智財權

　　下面是我對宏達電最終的看法，也是該公司內部最實際的狀況：

　　很多人誤認為宏達電就是個賣手機、賣VR頭盔設備的公司，要是如此，我當然不認為需要許它一個可能成功的理由。然而，該公司正轉型成為軟體介面的平台公司，策略上，就像IC設計業界的IP智財權公司，未來他們期許在VR產業裡收取開案費用、專利及授權金，當案件及客戶流量越來越多時，獲利數字就會開跑。

　　以前我們看宏達電的手機、VR到底賣多少台，但他們這兩三年在枱面下投資了非常多的軟體公司，也收購了許多打造虛擬實境所必要的硬體公司。

宏達電正在做一件事：幫助其它想切入虛擬實境的公司，打造他們要的新商業模式。

很多人認為宏達電的VIVE賣的不好，沒有臉書的Oculus叫座。但硬體銷售絕非該公司著眼的重點，宏達電主攻的是電信商、標案、實境演唱、賣場等的商機。

簡單來說，傳輸速度更新到5G，各類新商業模式不斷冒出來，**像線上商店的擬真試穿體驗、運動賽事、演唱會等VR直播將越來越多，但這些想做新商業模式的公司不大可能靠自己做出這樣的平台，而這些就是宏達電看重的機會。**

有人會問：這些東西臉書、蘋果不會作嗎？會的，但他們是為自家的平台而做，宏達電則像是在創立一個共同的語言平台，目標是協助更多人進入這個世界。以後我們除了吃東西之外，新的虛擬產業裡都會有巨大的商業模式出現。

目前全市場只有高盛證券及日本大和證券的分析師在追蹤宏達電，其中，高盛認為，未來VR的市場價值一旦浮現，宏達電最佳的潛在目標價將看到180元以上。

九等則認為：股價表現是波段式的，應該會更高。外資目前

持股僅有12%，當股價趨勢往上爬升時，越來越多專業投資人進場，該公司的股票將會有更好的上漲空間。

05

" 投資後一定要做的事 "

• • •

以前有位前輩跟我說過，投資獲利過後，
只有你買下來的東西，才是真的。

　　多頭賺錢時風光，空頭時意興闌珊。2022年絕對是Covid-19疫情以來股市最慘烈的交易年份。許多前幾年市場上風生水起的達人、少年股神都慢慢淡出，甚至還聽聞不少被斷頭而違約交割的案例。

　　很多人都跟我說，投資一直做得不好。九等在這裡要特別提醒大家，不管投資狀況如何，現在虧損不代表以後就窮途潦倒，只是要記得，當賺到錢的時候，要好好分配、好好使用它。

　　對許多人來說，有時候投資股市會有浮浮的感覺，因為來得快經常也去得快，所以一定要把投資後的計劃做好，怎麼使用很重要。

投資後，什麼是真正留下的東西？

九等我每回賺到一筆較有份量的收益時，都會拿部份來買ETF做存錢存股，一部份捐款作善事（除了真心想幫助人，也可享受到抵減所得稅的附加效益），另一部份則會買些資產，並且強押著自己不要將全部獲利一股腦的再投回股市，因為我曾經有過切身之痛，大澈大悟後體會到，錢不見得全部都得投進股市，基金、ETF、債券、數字貨幣或高價格的房產都應該是選項。有人可能會覺得沒多少錢幹嘛還分散？但是照著我既定的模式去做，至少這些年自己賺到的錢沒有變少。

有時，放慢腳步結果反而比你想像中來的快，這一點我有深刻的體會，也十分值得玩味，更何況人生還有許多生活方式值得我們慢慢的去體會啊。

曾經有位前輩跟我說，投資獲利過後，只有你買下來的東西，才是真的。所以九等認為，要存一筆錢在低風險的投資項目上，像買不動產、買車等等都算是。

2022年5月應該是後疫情期間投資市場最黯淡的時刻了，九等的執業也很困擾，因為這個職業對散戶來說不好作，對大行的買方投資法人來說也同樣困難。我這種賣方業務，在股市不佳的

情況下，也不知道怎麼提供客戶穩定賺錢的資訊，經常會焦躁到食不知味，寢不安枕。

疫情期間，享有美國投資界女巴菲特稱號的木頭姐（Cathie Wood）的ARK旗艦ETF（ARKK），自2022年年初到5月就暴跌了48%，光4月份該檔ETF就跌了近30%。我相信那段期間她們公司開網購絕對不是為了搶買新冠快篩劑，而是發給全員的止疼胃藥。（開玩笑的啦！）

2022年各國股市全年股價指數走勢圖

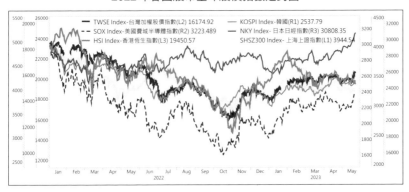

資料來源：彭博資訊

這一年全球重要市場的指數中，跌最慘的是俄羅斯的RTSI，半年不到就跌了32.23%，這是因為普丁發動了烏克蘭戰

爭，很容易理解。

而第二慘的是美國費城半導體指數SOX，跌了26.01%。排行老三的是深証成份參考指數，跌25.82%。掐指算來，這幾個市場的跌勢都有其原因。至於台股，跌了17.99%，要排名次的話，也算得上是被「血洗滅門」的前幾位，比香港恆生跌9.87%、韓股跌9.49%、日本東證跌4.65%都來的兇殘。

九等回想，過去近二十年來，從小白、韭菜、領域侷限卻自以為是的分析員，再到資深的業務，股市上上下下似乎都顯現出越來越淡然處之的態度，也許大家會問天、問地，但九等認為，永遠要敬畏市場的風險，因為錢消失的速度永遠比你想像中來的快。

所以九等不斷的告訴大家，一定要控制好自己的現金流，也要顧好自己的實際資產。

每回股市突發的崩跌，我都會一再的思索：這個現象是否為「首次」？嚴重性是否大於核爆？

這是自己多年來面對股市崩跌時盤點「外部事件與股市表現

之間的連動性」的兩個指標,多半便能熬過每年都會出現的股災。每回預估突發事件出現時的重挫會持續多久,就會想想這些事是否為「近十多年」來第一次出現?或者傷害的程度會不會比2011年的日本核災還來的嚴重?

・2020年3月觸發台股最大爆跌,和中國股市融斷、美國崩潰等原因,是新冠肺炎引發全球交通停擺,造成原油期貨「首次」出現負油價的超扯現象引起的。

・2021年5月台股大跌,是台灣「首次」升級接近疫情大封城的恐慌造成的。

・2022年自1月後股市呈現無止境的跌勢,是台股高基期、美國利率鷹派猛升息(將過去四溢的游資收回)及「首次」被瘋狂放送的俄烏戰事等因素造成的。

回想一下,這些引起股市波動的重要時刻,後續給了股市多少衝擊?而每當股市崩跌後,自己是否還能保存有過去積累下來的財富?

心情低落的投資人必要的修練

達賴喇嘛曾經說過：「失去的東西，其實從未曾真正的屬於你，不必惋惜，更不必追討。」另外，我在報紙上看到過一位英國小說家C.S.Lewis寫的很發人深省的一句話，抄下來與九粉們分享：「你沒辦法回頭改變開始，但你可以從現在開始改變結局（you cannot go back and change the beginning, but you can start where you are and change the ending.）。」

我在專欄裡提到過很多觀念，不盡然都是自己悟出的道理，而是從許多投資大師的經典語錄中衍伸出來的感觸。

我長期在自己的九等投資平台（https://markjordan.substack.com）撰貼股市的變化，曾經收到一封很特殊的九粉來信，該粉友是位警察，他告訴我因為想賺快錢，但卻反而賠了錢，相當的沮喪！我用自己的經驗分享給他，並將之摘錄如下，希望對九粉們都能有所幫助。

第一：投資不是賭博。

連我們這種稱得上是專業投資顧問的人都難免有過幾次破產

的經歷；是人都怕虧損，但慢著來、找對方向才重要。

我入行了很長一段時間，但很多人開始認識九等，是因為某次去友台錄了一集 Podcast，是一個教小朋友學投資的節目（https://www.kids-investment.com/）。雖然我自己偶而會講得輕鬆，但實際的工作壓力頗大，藉由分享一些投資和工作上的心得可以稍微減輕壓力。

不過，股市快錢真的不會天天有，即便每天都有一點快錢，累積下來的，其實也不見得會很多，因為賠的可能也不少。所以，一年認真做幾檔真正的投資，就可能比自己的薪水多上好幾倍。

大家都想賺快錢，但慢著來，賺的可能會比你想像中要多非常多。

是人都怕虧損，九等不是投資之神，我們這種投資人也都可能會經歷過虧損，當然也都可能碰到過撕心裂肺的難受階段。

交易型的投資、當沖、聽牌，以及沒有自己研究過、或只看個技術型態就跳進去的，都是賭博，雖然可能獲利，但是當沒賺到錢或賠錢時，心情難受的反作用力將會很大。交易型的投資，會讓你心情不好，對金錢會感到漂浮、不踏實，好像隨時可能會

吐回去，更何況你並不是這行業的從業人員，只是踏進投資市場沒幾年的新人。

第二：分析自己的投資，找對方向。

投資要找到符合自己的方式。因為每個人的投資性格不一樣，不同時期的投資悟性也不同；手上資金多寡的不同時期，投資方式多半也會大相逕庭。怎麼找出自己最妥適的投資方式，我在之前的 podcast 裡有講到，你要把過去一段時間的對帳單拿出來檢討，每筆作一些分析，哪些是交易型、哪些是有研究過的投資型、還有為什麼這筆會賠錢或賺錢……；我相信你自己心裡一定有些答案，當下一回投資時，就要想一下你列出來的分析，這回要不要作同樣的投資。

比如，才賺幾千就急著跑，或因為現金流不足而作出被迫性賣出，最後不僅虧錢，還得面對一段時間後看到它飛漲時的鬱卒心情。**好好想一下為什麼，這是第一步。**

第三：挪一部份錢去買 ETF

我經常建議朋友、家人，要做好資產配置，投資不是只有股票。有些人會去買基金，但我更推薦買些ETF。你認為未來幾年半導體產業會好，你就選以半導體為主的ETF；你認為EV好、不動產好、高殖利率配息好等，你就買這些。

但我要強調的是，你要長期的買，有薪水或投資收益時，你就撥出一點錢去買，不要看一兩個月的績效，這部份是要看一年、三年、甚至六年、十年的。不要覺得這個賺錢的慢，這部份是讓你鎖住你現有的現金，不要全部都投入到風險高的股市（ETF也是股市裡的一種，但有經理人在做配置，每個月加碼後就可以不用太操心），每個月用一些錢匯入去選ETF，有些ETF若跌就多買點，因為ETF是看長期的，越跌你應該越高興，因為可以買的更便宜。

ETF有季配息、年配息的不同模式，加上ETF配置的股價上漲，很容易從一開始沒多少錢，幾年後積累成實際有感的財富。ETF是長投且不影響心情的最佳方式，但不是投一筆資金就結束，而是持續的投資下去。

剩的一些現金，你可以在股票市場找好標的後再揮擊。記

住，交易型投資只能偶而下場。我所有的客戶裡，做長期投資的
外資法人，很多都真正的賺到大錢。

快速累積財富每個人都想，但是做當沖交易是很累人的，經
常身處高壓力的狀況下也很不健康，有些人喜歡，或許有他個人
的理由，也或許緣於他的資金方式，但不代表每個人都可以那樣
做。你或許沒看過太多做當沖賠錢的例子，九等我是看的太多
了。

所以，我希望你不要因為投資影響到心情，誰都有小時候，
九等出生時也沒有含著金湯匙，我從薪水幾萬一路到現在。所
以，把時間拉長一點，但你現在就得做資產計劃，一部份的投資
配置到看長、看久的資產，你或許將會很踏實的擁有財富。

九等的慘痛經驗

九等曾經因股市融斷崩盤，把前一年賺的幾百萬在兩周內全
部賠光；還有一檔押到全滿還融資的，因為斷頭而爆虧。虧損的
感覺有時沒那麼強烈，只是覺得速度太快，快到我很難接受。但
每一次的大虧經驗都要徹底研究原因，因為不了解自己，未來問

題可能還會出現。

那次的虧損後，九等慢慢的回頭專注要揮擊的個股，並做好自己本份的工作，面對它、接受它。值得一提的是，那檔押到全滿讓我斷頭爆虧的，後來漲了 11～12 倍，這下子你該知道我有多難受了吧！我原本能爆富的，哈哈！

以價值型投資觀念選擇標的是正確的，當時的錯誤則在於自己被迫性的賣出持股。但重點是，我沒有氣餒。之後再慢慢投資，把當時的錢都賺了回來。

我不太使用融資，更不衝動，我只投自己很了解的股票，最重要的是，我清楚的認知到：旁人賺多賠少都不關我的事，我不要受影響。

隨時聊。保持聯絡，希望對你有幫助。

💰 我遇過好多次股市主力的下一代

之前同事曾傳了一篇新聞給我看，說在PTT上有個神人，秀出他在股市操作的對帳單，因著航運股強勢大漲，其投入的股票投資和配息獲利高達45億元。

我認為這人不是神，是上帝。但我還是覺得有些數字真的很離譜，星宇航空董事長張國煒拿到他父親張榮發的現金遺產是140億元，而前述的「股神」在那一年就掙得45億，若不是極大的本金及高槓桿操作，我實在想不透他是怎麼辦到的。

那篇發帖底下留言一堆，酸民們吐槽一堆酸言酸語。但九等我覺得如果那是真的，我們必需跪，即便他投入的本金超乎一般的大。但我們還是要正向點，朝著這種目標努力前進，這就是我一直講的財商目標，有了這樣的目標，你才會開始思考怎麼樣達到神的境界。即使做不成神，當仙總是要的吧！

我自己在外資券商工作了十多年，也遇過相當多嘖嘖稱奇的事。事實上，要進入外資券商有一定的難度，對許多人來說，扛著外資光環和足夠面對父母、妻女的薪資條，必定會有一定程度的榮耀感。但即便如此，人外有人，天外有天，社會上還是有不少沒進過正統投資行號、沒有顯赫學歷、卻能夠早早的達到財富

自由境界的人。

💲 按照自己的節奏描繪致富成績單

圈內經常迸出一些有趣的小故事，像是有些人大學一畢業就迎來用鈔票堆出來的人生…等等的。在職場拚鬥多年後我得到了很大的啟發，我已經不太艷羨外界哄傳的金錢遊戲，像是同事、朋友經常傳遞誰誰誰賺了多少錢之類的，我充分理解「別人賺多少、虧多少，和我一點關係也沒有」。這點修練，讓我能按著自己的節奏，描繪自己致富的成績單。

我給大家講幾個我以前遇到過的小故事：

十多年前我待過一家有三百多年歷史的英國老牌投資銀行，當時亞太地區是該銀行的重點展業地區，我則在他們在台灣的研究部門工做了一陣子。後來因為實在不想待研究部，因緣際會的跳槽到本土券商的外資證券部門，先在那裡當了三年多的外法業務，後來又轉到海外券商，直到現在。

當我還在本土券商時，一位做國內法人業務的高層突然打電

話給我，說要介紹一位市場主力朋友給我認識。

我很好奇，是啥原因居然有人要認識我？其實國內券商像是元大、富邦、凱基、群益等都有很多通路客戶，你可以說他們也是個體散戶，但這些散戶卻是大戶，資金也許比不過投信基金、外資法人，但因為頻繁的殺進殺出，他們這些主力大軍所創造的交易額可不比正規軍來的小，每個券商分點都有一些特別空間設置，專門配屬給下單量大的客戶使用，有些大戶年交易額甚至會超過千億台幣。

回頭來說那位想要認識我的主力大戶。在當時我服務的那家公司的通路分點裡有一個相當氣派的專屬超級大戶的「大」辦公室，根本就像一個董事長級的辦公室，桌前還有沙發組，專供泡茶、會客使用。這種等級的主力，專線電話一拿起來，就有一兩個資深營業員幫忙下單。有一回我應邀去他辦公室，他一邊泡茶、一邊盯著投影牆上閃爍跳動的股價，一有關注中的波動，電話拿起來就下達指令，幾秒鐘內數千萬元就殺進了股海。

某次我被通知要參加一個飯局，同席的有另一位主力大哥。這位大哥雖然富有，衣著卻樸實無華，外貌也很像經常在街邊看到的抽菸的阿伯。當天的飯局上還有位年輕人，正是這位主力大哥的兒子。大哥說，聽說我曾經在知名的外資券商當過分析師，

他兒子剛留學回國，他把他兒子安排在我們公司國內法人部，但他希望兒子能跟著我學習，了解更正統的投資市場。

我感覺到有點被抬舉的飄飄然。不過也因為這場飯局的認識，這位主力大哥之後經常打電話給我，問我對某些上市櫃公司的看法，也讓我了解到市場主力賺錢的方式和能力。他的某些方式不一定適用於所有人，他也曾經是個領月薪的打工仔，但透過投資操作的能力過人，抓緊機會在股市榮景的時代賺到人生第一桶金，接著在台灣房地產業還沒有現在這麼誇張的情況下，將資金分配到股市和房市，錢於是越攢越多。

資金多寡 影響投資模式的選定

他的投資概念是：「**錢還不夠多時，要靈活、要集中且有效率的投資；當資金足夠厚實時，就要適時的分配，並且注意風險。**」

我經常提到，很多投資哲學聽起來都像是廢話，但真要做到，其實並不容易。

有一回我在公司大樓下遇到他兒子，他兒子人很客氣，跑過

來搭訕，說他最近看好某家公司的潛力，出手買了一些，問我意見。我隨口問他：「你買了多少？」他回我：「先買了幾千萬」。聽他這麼說，我連話都不想講了，轉身迎著微風和陽光，去隔壁巷子吃我的陽春麵了。

我後來得知，他老爸看我們這行得開早會，怕他睡不夠，就在公司附近的大安區裡給他買了間房，幫他節省通勤時間。

我覺得他其實不用煩惱投資什麼的了，他爸已經……（我寫不下去了）。

另一個故事也差不多，是幾年前發生的事。有位也是朋友介紹的主力大哥，他讓我感覺到他真的很有錢，吃好、住好，就我所知，他就是市場作手，會用手上的資金籌碼來造市和操控。他在股市主力圈子內名氣也十分響亮，經常有些飯局會邀我出席。

我有一個與這位主力大哥有關的印象深刻的事件。我曾經看好過一家產線設在東南亞的小公司，獲利數字蠻不錯，當時看好它平穩的業務表現，於是做了投資。就在與這位大哥吃飯的那天上午，我投資的這檔股票突然莫名所以的被拉到漲停，並且鎖了近萬餘張的量，卻在收盤前半小時突然風雲變色，直接往下崩跌，轉成跌停鎖死，賣單也超過萬餘張。

那晚，主力大哥在餐桌上提到他那天得意的一個操作，正好就是我所看好的那支股票，那天他可是賺錢賺到手軟，殊不知他對面的我因為他的炒作而賠了不少錢。這些主力大戶只要認為有機會可以操作，就可能把股市弄到短時間沒人敢再下場投資。其實我相當不喜歡這類的主力操控方式。

至於那天盤中發生的事情，我所理解的是，他先前逐步買進那一檔投信正在看好的公司，我在猜，可能是之前我跟他提過而引起了他的注意。當天一個價量齊揚的機會，他順勢把股價拉到漲停，製造出大量進場搶買的假像，不僅在市場跟風漲停鎖價時拋掉手上部份的股票，接著反手佈建放空的賣單，等快收盤前，再一舉把手上持有的股票大筆大筆的往盤中倒貨。

這種風雲變色的倒貨，很容易讓當天各路買方嗅到不對勁，所謂的「被騙上車」，為減低自身的虧損，趕緊也把手上剛買的股票賣出，立即變成多殺多的現象。而這位主力往上拉時賺到錢，往下崩時也賺到錢，這種方式除了資金必需豐實，也需要有極大的膽識，因為市場上若有位更大咖主力或公司派的資金跟他對做，他也可能承擔極其可怕的風險。

這位主力大哥後來有一次單獨邀我吃飯，想介紹他的兒女認識我。其實我並不喜歡吃這種飯，每次都有種很矛盾的感覺，明

明這些富二代手上的錢多到滿出來，絲毫不需要像平凡人一樣受社會折磨，光靠他們老爸老媽的協助就夠了，何需我這種江湖打工仔給什麼建議。不過，天下父母心，連我這兩個孩子爸爸的人，也不認為我所教導的事都是正確的。而且適用於我自己的，並不等於小孩也適用，所以找些不同類型的老師也是正常的事，正是古人所謂「易子而教」的道理吧！。

飯罷，主力大哥問我怎麼回公司，需不需要他的司機送我？我說我騎UBike過來，打算也騎UBike回公司。他的兒女則是開的跑車過來，住的是信義區的豪宅。

要我給這種富家子當老師，好像有種被羞辱的感覺，哈哈！

不斷檢討適合自己的投資方法

經驗故事能讓投資人少走彎路，是很有意義的事。

每年都有每年的挑戰，九等曾經有連續七年都獲利的表現，也在極為挑剔績效的國際知名基金Marshall Wace要求下，推薦了超過十年時間。

我常在自己的九等觀察平台（https://markjordan.substack.com/）提到一個全球知名的Alpha Capture平台對沖基金Marshall Wace，我的角色是直接在平台上給予買進、賣出建議來獲取服務績效，每季他們會依績效匯入費用到我服務的券商。

他們用人的標準是，只要覺得你的績效不佳，就會直接踢除，而且這種印象分數是跟隨人走的，只要被踢掉或沒有通過他們的考核，不管你跑去哪個券商，都不會再讓你提供服務，也就是就沒機會拿到他們的服務費了。

2022年，全球Covid-19疫情進入尾聲，我的績效卻不見起色，每季度這家對沖基金的經理人都會來台灣對服務他們的業務們做考核，他說我應該是台灣股市裡服務他們最久的前幾位，前後十年了，每每絕地逢生。由於是老朋友，不然以這一年的績效，我應該是會被踢除的。

所以我很緊張啊。2023年開端的幾個月也都很難操作，所以自我要求不能出現大賠的狀況，因此十分重視效率，就像月經理論一樣，即便我認為股票會有大好行情，為了不要受到過度波動的風險，常常就得不斷的見好就收，尤其該基金月底就評比一次，我經常打了半場好球，後半場卻碰上股市變態下跌；但謹慎過了頭，就很難賺到大波段的錢。不過，這兩年並沒有多頭氣勢，

巴菲特不是說過：好球來再用盡全力揮擊，不需要球球都打，浪費力氣。

其實虧損也不是天崩地裂的事，在投資市場打滾的人應該都有過慘賠的經驗。每當虧損時，我會自我調整，並且告訴自己，休息後再來，也作好檢討，不要再度讓自己受到重傷。

我建議九粉一件事情，投資要求穩定和持續的獲利，大勝大敗常會有不踏實的感受。人生不是只有股票，修練身心是投資最重要的事。

所以，賺錢時吃麵，不妨多加兩顆魯蛋和豆干，因為都賺錢了還不拿點出來犒賞自己？賠錢時吃麵更要多叫一碗，都能賠那麼多了，多吃碗麵算啥？流著淚，吃開味！

下面，我要開誠佈公的分享三次嚴重虧損的經驗，以及我怎麼讓自己未來不再發生這種「慘事」。

第一次：想以小博大，結果卻損失慘重。

剛出社會還很年輕的時候，因為資金不足，多半都會想以小博大投資「權證」（註1），當時的我完全不懂主流資金的概念，

因為權證有時間價值，賺錢看起來以小博大，但是我像賭博一樣且押在完全不對的產業，最後賠到一文不值，還欠下巨款，印象中應該賠了兩三百萬，當時對我來說，簡直是一個天文數字，但我最終還是靠著投資和斜槓收入把債還清，想想當時還真挺辛苦的。

第二次：認定所投資的公司將會有一大筆處分利益的收入，以為市場還沒什麼人知道，於是重押。

但問題是，公司營運沒有前幾季好，未來的成長速度放緩，我卻自以為是的認為公司投資的處分利益會讓該年度及隔年獲利暴衝，用該年度每股盈餘乘以過去高本益比（PE,Price to Earning）（註2）來算未來股價，天真的覺得還有很大的上漲空間，於是重押。沒想到股價不僅沒有往上漲，反而大幅度重挫。最終以慘賠收場。

第三次：這一次比較特別，完全看對產業、看對公司、看對方向，卻遇到國際股市及其它外在因素而短時間暴跌，因為融資太大被斷頭而「被迫性賣出」（註3）。過了半年，這檔當初投資的股票反彈超過10倍，我不僅沒賺到，反而重賠，讓我啞口無言了好一段時間才平復傷痛。

　　這三次慘賠的經驗讓我學到不少東西，我也毫不保留的說出來跟大家分享一下，讓九粉們知道未來該如何避免重蹈我的覆轍：

　　第一，權證現在對我來說已經是過去式。除非我能充分掌握短期會大漲的趨勢，否則我完全不想去碰權證，更不會像股票那樣重押。而產業的選擇也是一件很重要的事，我舉個例子，成熟產業像下游硬體組裝產業會爆漲爆跌嗎？如果買的權證標的公司是個溫和且成熟的公司，光是時間價值就會每天把投下去的本金給吃光。

　　所以，權證不屬於價值型投資人，算得上是交易型投資人的範疇。我認定這區域不是我所熟悉的投資，即使哪天心癢想買，應該會選擇波動性大的上游IC設計業，比較能出現好的獲利。

　　第二，公司成長的面向很多，僅看單一原因太過簡單、風險也太高。財報有三種表格型式，損益表、資產負債表和現金流量表。大部份的人還是最重視看損益表，而這個表格裡最重要的是營收、毛利率、營業利益、非營業利益和每股盈餘。

　　我稍微解釋一下損益表的這幾個項目：營收就是公司營業的收入，毛利就是扣掉生產端相關成本（像工廠工人、材料、設備、

銷售所需的成本等）後的利潤，毛利率通常是市場判斷公司經營好不好的一項重點。營業利益是毛利再扣掉屬於非生產線所出現的成本，像辦公室、行政費用之類的成本。

怕大家聽不太懂，我再舉一個更直白的例子：小時候家庭代工很興盛，有點像現在所謂的斜槓收入。我媽會去跟里長還是哪個包工頭拿一些手工工件回來做，像串珠珠、折紙盒之類的。媽媽把做好的東西送回去拿到工錢，這就是營收；我們幾個孩子有幫到忙的會分到個5元、10元的；另外可能因為客廳桌子不夠大，需要添購一張等等，這些生產人工、設備等都叫銷貨成本，營收扣掉銷貨成本就是毛利。

但我爸這個沒動手做的人說會計帳都是他做的，設計圖是他畫的，他也要分杯羹，這就是營運成本。那非營運項目呢？就是跟這個家庭代工沒關係的事，譬如媽媽拿錢去炒股虧錢、或爸爸把偉士牌機車典當拿到的錢等都算在這裡面。

毛利率是可以動手腳的，把分類更動一下，有些銷貨成本就會跑到營運成本類，而影響到毛利率的表現。不過現在會計原則越來越嚴，正派的公司是不會搞這些手段的。

回到正題，當時我的投資虧損例子是我認為公司會在未來幾

季不斷有「非營業利益」，像是處份土地、廠房或把子公司、私募投資項目獲利了結等。我評估該公司每一季的EPS（每股盈餘）會很多，進而認為他的股價仍有很好的成長空間，但事實剛好相反。

所以，我學到的是：非本業的獲利，尤其是屬於這種一次性（one off）的利益，市場不但可能不會買帳，有時還會反過來質疑「公司若沒有財務需要，為何把其轉投資或手上的淨資產拿出來變現？」

我該做的是檢視公司本業，以前述家庭代工事業為例，我媽還拿不拿得到里長分派給我們的工件？我們幾個小孩是不是晚上閒閒沒事只能看電視浪費電？而不是看我爸「還有幾台機車、腳踏車可以變現」這種不實際的收入。

需要特別注意的是，「被迫性賣出」的風險，是十分嚴重的投資問題。

在投資市場裡最糟的事，就是被迫性賣出，因為心裡壓力、因為融資斷頭、因為需要用錢週轉等。我一直在想一個問題，圈內許多「師」級人士會建議投資人「做好停損機制」，我想了很久，也懷疑了很長一段時間，有誰可以給我一個合理的解釋，為

什麼我過去十多年每每「被迫性賣出」所投資的股票，最後都漲到我預估的目標價？我是不是還沒參透「停損」這個概念？

後來我想通了，設定停損點需先檢視自己擁有什麼樣的投資能力？是屬於價值型投資人、還是交易型投資人？

如果是價值型投資人，且你對投資目標有著完全深入的了解，不僅漲跌時你心裡都知道原因，在整體結構、或者說當初買進的理由完全沒有變化的狀況下，股價下跌時應該高興才對，你在六十元喜歡這檔股票，應該會在五十、四十元時更有興趣才對。

而交易型的投資人，則應該控管資金的週轉效率，若對於投資標的並沒有有辦法估算出實際的投資價值，用的是技術線型、市場消息、或是資金行情來判斷，那做好停損機制的確是有必要的。因為沒有底氣、不了解基本面，怎麼承受得住震盪。

這次投資的嚴重虧損，就是因為我過度融資，加上市場氛圍擊潰了我的投資心態，不僅讓我虧損嚴重，等市況穩定後看到那支股票漲到我預估的目標價位時，更讓我內心無比的煎熬。

如何避免這樣的事再度發生呢？就是要把資金控管到最好，

不過度融資，保有現金，或試著部份做空避險。九等經常會回想那些失敗的投資經驗，並一再的沙盤推演：未來再碰到市場暴跌時，該如何因應挑戰：

1.當市場走勢極度不穩定時，再怎麼樣都要握住一些空單，在回檔修正時，還有些許避險的作用。

2.現金流是重點，信用交易要減少，融資很容易出現被迫性賣出的壓力。

3.減低股票庫存，即使覺得股價已經觸底了，但很可能最後會出現全面棄守的壓力。該疼就疼一回，未來日子還長，一旦碰上十足有把握的賺錢時機點時，再加碼回來投資。

4.要有自己的工作、生活，投資只是生活的一部份，不應該是全部。

5.好好寫下自己的投資及生活日誌，未來檢視自己在什麼時候該作什麼事來降低風險。以前有位朋友曾跟我說，在投資圈打滾，難免每年都會遇到幾次逆風，當作是生了場病就好，好好休息一下。**最重要的是，**如果不好好檢視自己的投資方式並加以改進，痛苦未來一定還會再發生。

6.市場趨勢其實就是一個數學問題。只要公司、產業比前一季、前一年來的更好，股價就有漲的機會。所以我們該等待什麼？等待一個數學式轉正向、且符合大家合理預期的進場時點。

註1：權證（Warrant）是一種金融衍生工具，它是由發行人發行，購買人可以在未來的某個日期或期間內以特定價格購買或出售某一特定標的物（如股票、指數等）的權利。權證的價值取決於標的物的價格、權證的履行價格、剩餘期限、波動率等因素。權證通常可以在證券市場上買賣，投資者可以利用權證進行投機或套利交易。不同種類的權證可能有不同的行使方式、履行價格和到期日期等條件。

權證市場可以透過證券交易所或證券商的網站進行觀察。在許多國家，如台灣、香港、新加坡等地，證券交易所都會提供權證市場的報價和交易資訊。此外，許多證券商也提供權證市場的資訊和交易平台。投資者可以透過這些平台查看最新的權證價格、交易量和相關的市場指標等信息，並做出相應的投資決策。

在媒體上，許多財經新聞網站和報紙會報導權證市場的相關資訊和分析，並提供相關的市場評論和投資建議。此外，一些側重報導金融訊息的媒體，像是台灣的經濟日報、工商時報等，也都有專版在介紹近期受到關注的權證消息。

　　權證通常可以透過以小博大的方式進行投資。這種方式被稱為權證槓桿投資，它的主要特點是通過較少的投資額度，可以控制更多的標的物，從而在標的物價格上漲時實現更大的收益。以下是一些以小博大的權證投資策略：

　　1.買入「認購」權證：認購權證是一種在未來以特定價格購買標的物的權利。如果認為標的物的價格會上升，投資者可以購買認購權證，以較小的投資額度控制更多的標的物。如果標的物的價格上升，權證的價值也會上升，從而實現獲利。

　　2.買入「認售」權證：認售權證是一種在未來以特定價格賣出標的物的權利。如果認為標的物的價格會下跌，投資者可以買入認售權證。如果標的物的價格下跌，投資者可以利用權證的時間價值和波動率優勢賣出認售權證，獲得收益。（通常認售權證的代號最後一碼會是一個英文字母）。

　　3.進行對沖交易：投資者可以通過同時買入或賣出權證和相應的標的物來進行對沖交易，以降低風險。例如，如果認為某支股票的股價會上升，投資者可以購買認購權證，同時賣出相應數量的股票，從而降低風險。如果標的物的價格上升，權證的價值也會上升，從而實現利潤。如果標的物的價格下跌，股票的價值

下跌也會被認購權證的收益所抵消，降低投資風險。

需要注意的是，權證是一種高風險、高回報的投資工具，投資者需要根據自身的風險承受能力和投資目標進行投資決策。

註2：本益比（Price to Earnings Ratio，P/E Ratio）是用來評估一家公司的股票價值是否合理的一個重要指標。它是股票的市價除以每股盈利（每股收益），表示投資者為了取得一元的盈利，需要支付多少元的股票價格。

本益比越高，代表投資者為了取得每股盈利需要支付越高的股票價格，可能意味著股票被高估；反之，本益比越低，代表投資者需要支付較低的股票價格來獲取每股盈利，可能意味著股票被低估。

通常，本益比越高的公司，投資者越需要關注其未來的盈利能力和風險，因為這意味著市場對該公司的未來盈利增長有較高的期望值。另外，由於每個行業的盈利能力和風險水平都不同，因此本益比也需要考慮同行業公司的平均水平，以便更好的評估股票價值是否合理。

需要注意的是，本益比僅僅是評估一家公司股票價值的指標

之一，投資者還需要考慮其他因素，例如公司的財務狀況、產品競爭力、市場機會、管理團隊素質等等。

市場上的分析師最常使用來評估未來股價目標的方式，就是用預估未來12個月能賺到的每股盈餘（EPS,Earnings Per Share,公司的淨利潤除以公司流通在外發行的股本）乘以公司過去合理的本益比。

註3：被迫性賣出（ForcedSelling）指的是投資者因為某些原因被迫出售其投資資產，而不是因為投資決策而主動出售的情況。

被迫性賣出可能是由於投資者需要迅速籌集現金以應對某些急迫的需求，例如支付債務、應對生活開支、繳納稅款等等。此外，被迫性賣出也可能是因為投資者無法承受投資風險而需要立即平倉，或者是因為被迫平倉交易而導致的。

💲 投資還是要靠真本事

　　真要是在投資市場混到被檢調單位調查，或是被新聞媒體追逐，那麼就某方面而言，你可能已經算得上是一個投資大咖了！只是投資賺錢的人，基本上沒有人想出名，更不想被調查。

　　群益經理人炒作案是一個常被業界提起的案例。最近幾個朋友約飯，同席的還有幾位投資界的老前輩。飯局我一般很少出席，但這幾位朋友各個身懷絕技，且都是俗稱已經游上了岸的成功人士，經濟無虞，也有很多故事和值得學習的地方，所以我就興致勃勃的應邀與會了。

　　今天要聊的是投信經理人的炒股。用案例故事來說書，講講故事，也長長知識。

　　一則關於基金經理人炒股的官司判例出爐。事情是這樣的：群益的科技基金經理人用自己管理的基金炒作股票，用基金的錢，拉抬他在人頭帳戶上已預先買進的股票。判決出爐，有興趣的朋友可以用Google搜尋到相關內容。

　　這個前群益經理人除了被判刑（但可緩刑）之外，還得全數繳回司法單位認定的犯罪所得，還併科了幾百萬元的罰金。這個

案子算是很快就定讞了，並沒有拖太久的時間。

而這件事的重點是「認罪協商」，而不是跟檢調拚輸贏、打官司。稍後我再說明其差別在哪裏。

九等自己沒有這樣的經驗，也不想要有這樣的經驗。這個飯局裡，剛好有前輩有經驗，他有些被誣告的案子未成立，另有些官司還在處理中。一般媒體在知道有公司、基金經理人炒股，報導通常會寫得很聳動，因為此類案件的審判過程短則兩年，長則數十年都可能有，所以未審先判的狀況很多，最後的判決如何大家也可能會忘了。所以飯局上有位前輩就憤憤不平，媒體報導幾乎把他的名譽都毀了。

回到群益的案例。我個人並不認識群益那位基金經理人，但在好多年前就聽說過他的操盤能力很好，現在發現可能是炒作出來的。他現在再也沒法回到投信基金市場了，因為只要被金管會盯上、並起訴和宣判的操盤人，是不會有公司會再聘僱這些已經認罪的經理人。

就我所知，這位前經理人在案件爆發之初就立即被解僱，公司並向他提告。後來和解，這位前基金經理人據說賠了群益兩千多萬，刑事法庭結案，又再賠付兩千多萬。

有經驗的人應該會發現，檢查官對這個案例算是輕判了，因為原本認定的不法所得達四千多萬，法院是把他最初賠給群益的錢都算進去了，不然可能光繳給法院就要四千多萬。

非法炒作和內線交易在台灣是重罪，一般被起訴的基金經理人，律師都會建議「認罪協商」，硬是去打官司的後果相當嚴重。因為打官司就得非贏不可，一旦輸了，不僅原本該賠的一毛少不了，曠日費時的訴訟費也相當高昂，而且刑責會加重、且不得緩刑。所以，法條都有為這些違法炒作的行為開一條「認罪」的後門。

這些從原本雲端跌落底谷的投資經理人到最後都有一個信念，希望早點重啟人生，錢再賺就會有，但官司不上不下相當痛苦，甚至不少資金也被凍結。

這十年來投信的規範越來越嚴格，國內的投信團隊在股市開盤後都得把手機集中管理，業界戲稱是送進「養機場」，所以在開盤後要想聯絡他們，簡訊、Line或打手機都沒辦法，其實是很不方便的。

九等一直都待在賣方券商，屬於投資顧問、服務投資法人的那一方，若以固定薪資水平來說，一般會比買方市場（像私募基

金、投信、自營商）來得好些，但我發現，在買方市場待過的朋友，浮上岸的比較多，只是官司、牢獄之災的風險也相對大些。哈哈。

正當的財富才能掌握得住

所以，投資還是得靠本事，偏門違法的事不要作，正當的財富，才能真正牢固的掌握在自己的手上。

每個人都有自己的時區（Time Zone），有些人年紀很輕就賺到很多錢，有些人年紀大了才實際存到資產，歐巴馬55歲就從美國總統任上退休，川普、拜登都在七十多歲時才上位。人生賽局有快有慢，時區各有不同，為未來的一切做好準備就好，讓我們一起加油！

最後，九等希望出一本實用且能重覆翻閱的書，這本書集結過去近二十年的投資故事，而故事持續進行著，若有興趣關注市場動態、投資分析的書迷們，歡迎加入九等觀察的平台「涮涮九等｜投資升等」（https://markjordan.substack.com）

PREFACE

附錄一
投資金句

以下彙整的一些重要概念，若是是出自他人，我會詳敘是誰說的；不然，就是我在書中提到過的。

＊＊想要賺錢的朋友，確立一個目標是站在起跑點上最重要的事。先要有一個財商腦袋，思考現在的狀況，想像未來三到五年的階段，進而計劃七到八年後的未來。每一個點你要怎麼達到，你得開始去突破，找到解決方式。

＊＊要學著積極的賺更多的錢，而非一味的儘想著如何省錢，這根本的關係一旦你搞懂了，就會知道如何改變一般人難以改正的錯誤習慣。

＊＊橡樹資本創辦人霍華‧馬克斯寫給投資人的一本書《投資最重要的事》裡有句話很棒：「投資成功不是因為買到好東西，

而是因為買得好。」

＊＊三項最容易賺錢的關鍵：

一是成熟產業有時會有季節的方向性；

二是缺貨問題產生時；

最重要的，也是我認為投資勝率最高的，就是在規格升級轉型時做投資。

如果三個要素都符合，那你可以放大自己的投資部位，並有點耐心的等待市場的認同。

＊＊霍華‧馬克斯說：「投資最重要的，是股價和價值之間的關係」。他說："investment success doesn't come from "buying good things," but rather from "buying things well"（投資不是因為買到好東西，而是買的好），意即：「當一件能夠持續發生的事，它的衝擊將不會只存在短暫的時間；當你發現一間公司『未來價值遠超過目標的股價』，就該是你投資的時間點。投資往往不是因為你買到好的東西，而是你買到它的『價值』高於『股價』的時候。」

　　＊＊股神巴菲特曾在一場演講中說道：「You don't have to swing at everything, you can wait for the right pitch.（你不需要每次都揮棒，耐心等待那個『好打的球』。」

　　如果你決定採用「價值投資」，而且已經估算出證券或資產的實質價值，接下來要作的事情就是抱牢你的投資標的。在投資界中，就算對某件事情看法正確，也不表示會馬上得到印證。（摘自《投資最重要的事》一書）

　　＊＊霍華‧馬克斯認為「正確估計價值，才有成功的希望。」雖然聽起來像廢話中的廢話，但很實際。

　　＊＊多開幾個證券交易戶，把不同類型的投資都拆分開，「價值型投資」的放一起，而「交易型投資像當沖、短期交易、融資戶等」則另置一群。

　　＊＊華爾街之狼的主角Belfort說，他曾經是那個有錢到不行的人，也曾經窮到什麼都沒有，但他的信念總是會偏向有錢的那一邊思考。這和我所謂要有財富智商的第一步，就是必需先打造自己擁有財富智商的腦袋是一樣的。

　　＊＊「說服力」在投資判斷力上很重要。阿里巴巴創辦人馬

雲曾經講過：「如果連你自己都不相信這件事，那別人怎麼會相信呢？」不斷反覆的問自己：「投資標的是否能賺錢，為什麼值得投資？」是非常重要的事。

＊＊投資市場很多是以造夢為先。事實的好或壞不重要，重要的是現在我們要相信我們想相信的東西。所以，如果沒辦法判斷該相信公司的官宣或金融市場的看法，先那就先別妄作買或賣的決定！

＊＊投資要心到、人也要到，必須感受公司的溫度。但是當股價漲到一定的程度，已經過於乖離且有些風險疑慮後，不要去賭一個更高的成長，因為它經常只會Miss，很難beat。

＊＊一旦一家公司股價出現爆跌，一定伴隨著一些公司經營上的問題，不要想去探底攤平，經常會破底，造成更大的虧損。

＊＊投資一定要有獨立判斷的精神，更重要的是搞清楚自己現金流的狀況，我們要的是「最後的獲利」，其它都是過程，除非投資標的出現結構性的改變，不然，「短時間的虧損並不見得是永久性的虧損」。

＊＊有人說，投資是經濟學，但在我看來其實是一門藝術，

因為投資始終都會出現一點混亂。投資方法就是要藉由經驗和知識不斷的調適。

＊＊在市況好時賺波段大錢；若你搞不清楚或實在不認同它怎麼會漲、或怎麼可能跌時，千萬不要糾結在這些難處，因為「股票會說話」，你只是不知道別人知道的事而矣。

＊＊把你近三五年的投資習慣徹底的拿出來檢視一遍，拿出你的對帳單，每筆獲利或虧損都作一些自己分析，真的比你學江湖術士的技術線、內線、蚵仔麵線來得有用的多。

＊＊你可以把投資市場當做是賭場，買賣不順心就先要停看聽。

《股票作手回憶錄》裡第一項就提到，華爾街沒有新鮮事，股市過去曾發生過的，將來也會發生。以古鑑今來看一些投資方向，即便短期不如預期，也不該差別太大，看錯的話，即時反應就好了。

＊＊天才股票作手 Jesse Livermore 說過：「機會是靠等待來的。」但任何投資也有需要出場的時，這時就別忘了前英國首相邱吉爾的名言：「酒店關門時，我一定會離開」。

＊＊投資人要非常清楚投資是必需忍受股市沉浮，要天天過年吃得開，手上持股月月飆漲是不大可能的事。清楚的了解投資的價值，保有很平靜的投資性格，絕對是必須的要件。

＊＊我個人強烈建議不要使用現股當沖，無論是買出或放空，你都必需當天當銷，一旦突發性漲停，你放空的股票沒有任何券源出借，會有極其可怕的虧損出現。

＊＊價值型投資觀念就是：「即便你覺得市場變動和干擾不斷，都不該影響到你的正常生活。」要記住：「別人賺或虧多少，其實都不關自己的事。」不要過度受到外界的影響。

＊＊有時候，越不奢想如何一夕致富，緩步前行，反而走的更快，賺到的錢越實在。

＊＊投資哲理中裡我最喜歡的一句話：「投資要可靠且成功，準確估計實質價值是不可或缺的起點。如果做不到這點，想要持續成功的希望只是希望而已。（The most important thing is .... Value; For investing to be reliably successful, an accurate estimate of intrinsic value is the indispensable starting point. Without it, any hope for consistent success as an investor is just that: hope. （摘自《投資最重要的事》一書）

＊＊耐心等待時機是一句催眠自己必要的話。市場不是一部樂於助人的機器，不會因為你需要高報酬，就立即給你錢。

＊＊當股票不反應時，你必須有足夠的耐心，給自己足夠的時間，你要的不是短線暴利，而是長線的穩定報酬。

＊＊達賴喇嘛說：「失去的東西，其實從未曾真正的屬於你，不必惋惜，更不必追討。」

＊＊英國小說家C.S. Lewis：「你沒辦法回頭改變開始，但你可以從現在開始改變結局（you cannot go back and change the beginning, but you can start where you are and change the ending.）。」

＊＊市場主力大哥的投資概念：「錢還不夠多時，要靈活、要集中且有效率的投資，當資金越來越多時，就要適時的分配，並且注意風險。」

＊＊每個人都有自己的時區（Time Zone），有些人年紀很輕就賺到很多錢；有些人年紀大了才實際積累到資產。人生賽局有快有慢，時區也各自不同，為未來一切做好準備就好。

＊＊巴菲特曾經說過，如果把投資拉得很長遠來觀察，短期的漲跌其實並不影響長期的表現。

＊＊當自己賺到的錢的時候，要好好分配、好好的使用它。

附錄二

九等推薦的參考資料

九等投資觀察：https://markjordan.substack.com

鉅亨網：https://www.cnyes.com/

MoneyDJ理財網：https://www.moneydj.com/

財訊雙週刊：https://wealth.businessweekly.com.tw/

MoneyLink財經新聞：https://money.udn.com/money/index/

PChome新聞股市：https://pchome.megatime.com.tw/m/market/

Yahoo奇摩股市：https://tw.stock.yahoo.com/

Money快訊：https://m.ctee.com.tw/

信傳媒：https://www.cmmedia.com.tw/

經濟日報：https://money.udn.com/money/index/

中時財經新聞：https://www.chinatimes.com/money/

商周財富網：https://wealth.businessweekly.com.tw/

元大證券：https://www.yuantafutures.com.tw/

台灣證券交易所：https://www.twse.com.tw/

台灣期貨交易所：https://www.taifex.com.tw/

中華民國證券櫃檯買賣中心：https://www.tpex.org.tw/web/index.
php?l=zh-tw

財經新報：https://www.cmoney.tw/

股市資訊網：https://www.stockq.org/

台灣基金網：https://www.fundclear.com.tw/

嗨投資：https://histock.tw

財報狗：https://statementdog.com

股市爆料同學會：https://www.cmoney.tw/forum/popular/buzz

博彭資訊：https://www.bloomberg.com/asia

富果：https://www.fugle.tw

台灣股市資訊網：https://goodinfo.tw/tw/index.asp

玩股網：https://www.wantgoo.com/stock

豹投資：https://www.above.tw

台灣廣廈 國際出版集團
Taiwan Mansion International Group

國家圖書館出版品預行編目（CIP）資料

開始在股市賺錢最要緊的大小事：集電子產業資深記者、券商分析師於一身的「九等」投資祕技全公開／九等著. -- 初版. -- 新北市：財經傳訊出版社, 2023.06
　　面；　公分
ISBN 978-626-7197-17-2(平裝)
1.CST: 理財　2.CST: 投資　3.CST: 投資分析

563.5　　　　　　　　　　　　　　　　112003044

財經傳訊
TIME & MONEY

開始在股市賺錢最要緊的大小事
集電子產業資深記者、券商分析師於一身的「九等」投資祕技全公開

作　　　者／九等

編輯中心／第五編輯室
編 輯 長／方宗廉
封面設計／Ansel Chen・內頁排版／菩薩蠻數位文化有限公司
製版・印刷・裝訂／東豪・紘億・弼聖・秉成

行企研發中心總監／陳冠蒨　　　線上學習中心總監／陳冠蒨
媒體公關組／陳柔彣　　　　　　數位營運組／顏佑婷
綜合業務組／何欣穎　　　　　　企製開發組／江季珊

發 行 人／江媛珍
法律顧問／第一國際法律事務所 余淑杏律師・北辰著作權事務所 蕭雄淋律師
出　　　版／財經傳訊
發　　　行／台灣廣廈有聲圖書有限公司
　　　　　　地址：新北市235中和區中山路二段359巷7號2樓
　　　　　　電話：（886）2-2225-5777・傳真：（886）2-2225-8052

代理印務・全球總經銷／知遠文化事業有限公司
　　　　　　地址：新北市222深坑區北深路三段155巷25號5樓
　　　　　　電話：（886）2-2664-8800・傳真：（886）2-2664-8801
郵 政 劃 撥／劃撥帳號：18836722
　　　　　　劃撥戶名：知遠文化事業有限公司（※單次購書金額未達1000元，請另付70元郵資。）

■出版日期：2023年06月
ISBN：978-626-7197-17-2